Jörg Mecke

Möglichkeiten des Einsatzes und daraus resultierend
schen Konferenzen

Bibliografische Information der Deutschen Nationalbibliothek:

Bibliografische Information der Deutschen Nationalbibliothek: Die Deutsche Bibliothek verzeichnet diese Publikation in der Deutschen Nationalbibliografie; detaillierte bibliografische Daten sind im Internet über http://dnb.d-nb.de/ abrufbar.

Copyright © 1995 Diplomica Verlag GmbH
Druck und Bindung: Books on Demand GmbH, Norderstedt Germany
ISBN: 9783838639697

http://www.diplom.de/e-book/219607/moeglichkeiten-des-einsatzes-und-daraus-resultierende-nutzeffekte-von-elektronischen

Jörg Mecke

Möglichkeiten des Einsatzes und daraus resultierende Nutzeffekte von elektronischen Konferenzen

Diplom.de

Jörg Mecke

Möglichkeiten des Einsatzes und daraus resultierende Nutzeffekte von elektronischen Konferenzen

Diplomarbeit
an der Leibniz-Akademie Hannover (BA)
Lehrstuhl für Prof. Dr. Jörg Biethahn
April 1995 Abgabe

Diplomica GmbH
Hermannstal 119k
22119 Hamburg

Fon: 040 / 655 99 20
Fax: 040 / 655 99 222

agentur@diplom.de
www.diplom.de

ID 3969

ID 3969
Mecke, Jörg: Möglichkeiten des Einsatzes und daraus resultierende Nutzeffekte von
elektronischen Konferenzen
Hamburg: Diplomica GmbH, 2001
Zugl.: Hannover, Berufsakademie, Diplomarbeit, 1995

Diplomica GmbH
http://www.diplom.de, Hamburg 2001
Printed in Germany

Inhaltsverzeichnis

1/006/95

1. Einleitung und Zielsetzung

„Elektronischen Konferenzen werden enorme Wachstumspotentiale zugerechnet, die die der elektronischen Post noch überflügeln werden."[1] Prognosen dieser Art findet man zunehmend in den Fachzeitschriften. Diese Arbeit wird die Einsatzmöglichkeiten aufzeigen, die zu dem Wachstumspotential für elektronische Konferenzen führen. Die daraus resultierenden Nutzeffekte werden dargelegt, sowohl als Positivum als auch als Negativum. Dazu wird auch auf die von Karin Gräslund et. al. hingewiesene Interdisziplinarität dieser Thematik in Kapitel 4 und 5 eingegangen. So nennt sie die Wissenschaften der Informatik, Psychologie, Betriebswirtschaft und Kommunikation.[2]

Da nicht alle Arten der elektronischen Konferenzen im Rahmen dieser Arbeit behandelt werden können, wird eine Konzentration auf die *Unterstützung von Gruppen über geographische Distanzen hinweg durch elektronische Diskussionsdatenbanken (Kategorie 1)* in Kapitel 4.2.1 stattfinden. Untergeordnet wird die *Unterstützung real ablaufender Konferenzen (Kategorie 2)* in Abschnitt 4.2.2 behandelt, da diese Art der Meetware[3] noch so sehr im Anfangsstadium steckt, daß sie bisher nur in Laborversuchen praktiziert wird. Sonderformen wie Videokonferenzen und Bulletin Board Systeme werden nur kurz in den Abschnitten 2.4.3 bzw. 2.4.4 erläutert, in den weiteren Ausführungen jedoch vernachlässigt.

2. Definitionen und Begriffserklärungen

Die im folgenden erläuterten Begriffe wurden ausgewählt, um durch eine Top-Down-Strukturierung deutlich zu machen, wie die erwähnten Sachverhalte ineinandergreifen.

---

[1] vgl.: BORCHERS, DETLEF: *Teamgeist - Trends und Perspektiven auf dem Groupware-Markt.* In: c't 1993, Heft 7, S. 102

[2] GRÄSLUND, K./LEWE, H./KRCMAR, H.: *Neue Ergebnisse der empirischen Forschung auf dem Gebiet der computerunterstützten Gruppenarbeit - Group Support Systems (GSS).* In: KRCMAR, H. (Hrsg.): Arbeitspapiere v. Lehrstuhl für Wirtschaftsinformatik der Universität Hohenheim Nr. 43, 5/1993, S. 1

[3] Der Begriff „Meetware" umfaßt die Softwareprodukte, die dafür programmiert wurden, um Menschen bei ihren Sitzungen zu unterstützen.

2.1 Die Gruppe

Allgemein läßt sich sagen, daß immer dann eine Gruppe vorhanden ist, wenn mindestens zwei Personen miteinander kommunizieren, um ein gemeinsames Ziel zu erreichen. In einem Unternehmen gibt es viele verschiedene Arten von Gruppen, die alle innerhalb ihrer Sitzungen (Konferenzen) elektronisch unterstützt werden können. Diese reichen von Projektgruppen, Abteilungsleitermeetings, Betriebsratssitzungen bis hin zu Expertenpanels.

2.2 Kommunikation

Menschen kommunizieren in Betrieben und im Privatbereich miteinander. Dabei umfaßt der Begriff „Kommunikation" jedoch mehr als die reine sprachliche Kommunikation. So unterteilt Helmut Crott[4] weiter in eine nicht-sprachliche Kommunikation. Hierzu gehören Mimik, Blickkontakt, Gesten und Körperhaltungen. Thomas Herrmann gliedert die nonverbale Kommunikation noch differenzierter auf[5]:

Bezeichnung	Bedeutung
Mimik	Zeichenhafte Bewegung der Gesichtsmuskulatur
Gestik	Aktionen der Körperextremitäten
Postur	Stellung und Bewegung des Körpers als nonverbale Zeichen
Proxemik	kommunikative Funktion der körperlichen Distanz zwischen Personen
Paralinguistik	Akustische Signale jenseits sprachlicher Zeichen: Sprechpause, Interjektionen („äh", „oh" etc.)
prosodische Elemente	Tonhöhe, Lautstärke, Sprechgeschwindigkeit

[4] vgl. CROTT, HELMUT: *Soziale Interaktion und Gruppenprozesse*, Stuttgart/Berlin/Köln/Mainz 1979, S. 30

[5] HERRMANN, THOMAS: *Die Bedeutung menschlicher Kommunikation für Kooperation und für die Gestaltung computerunterstützter Gruppenarbeit.* In: OBERQUELLE, HORST (Hrsg.): *Kooperative Arbeit und Computerunterstützung.* Reihe „Arbeit und Technik: praxisorientierte Beiträge aus Psychologie und Informatik", Band 1, Stuttgart 1991, S. 67

Die Aufteilung gestaltet sich wie folgt: „Der Gesamteindruck während der Kommunikation besteht zu 7 % aus dem Inhalt, 38 % dem Tonfall und 55 % der Mimik."[6] Diese Werte sowie die Vielfalt der Kommunikationsarten sollten bei der Beurteilung eines elektronischen Konferenzsystems kategorisch mit einfließen.

2.3 Groupware

Während sich Anwendungsprogramme normalerweise als Software für das Individuum darstellen, unterstützt die Groupware nur ganze Gruppen. Die Gruppe soll in ihrer Arbeit durch diverse Werkzeuge gefördert werden, wie z. B. automatische Terminabstimmung, Konversationsstrukturierung, Unterstützung von Kreativitätstechniken und Meinungsaustausch. Hierzu werden noch die Vokabeln „CSCW - Computer Supported Cooperative Work", „GDSS - Group Decision Support Systems", „GCSS - Group Communication Support Systems" und der von Prof. Dr. Helmut Krcmar geprägte Begriff des „Computer Aided Teams" verwandt. Alle umschreiben den Bereich der gruppenunterstützenden Software.

Die Gartner Group definiert Groupware wie folgt: „Groupware ist die Software, die nicht-strukturierte und nicht-deterministische zwischenmenschliche Prozesse und die Objekte unterstützt, mit denen die Menschen gewöhnlich arbeiten."[7] Dabei weist der Autor T. Austin auf die drei Oberbegriffe der Groupware hin. Diese sind

- Kommunikation

- Zusammenarbeit

- Koordination.

Man kann also von einem Groupwareprodukt sprechen, sobald es in eine oder mehrere der drei Kategorien fällt. Dabei steht der Teamgedanke im Mittelpunkt, der im Rahmen des Lean Managements zunehmend gefordert wird. Gruppenarbeit soll effizient und effektiv vonstatten gehen und zu schnellen, qualitativ hoch-

---

[6] vgl. CROTT, HELMUT: *Soziale Interaktion und Gruppenprozesse*, a.a.O., S. 28

[7] vgl. AUSTIN, T.: *Groupware „Human Residual" Challenges I5*. In: Office Information Systems, Gartner Group Research Note K-140-1327, 31. Oktober 1994, S. 1

wertigen Entscheidungen führen. Die Tools hierzu sind in zwei Systemgruppen einzuordnen[8]:

- E-Mail-basierende Tools

  In diese Gruppe fallen reine E-Mail-Systeme (Microsoft Mail, Lotus cc:Mail, HP
  Open Mail etc.) oder Workflowmanagementsysteme, die stark strukturierte Ar-
  beitsprozesse unterstützen wie IBM's Flowmark oder Vineyard von Data Fel-
  lows.

- Dokumentenmanagement Tools

  Dieses Segment der Groupware umfaßt Tools zum Dokumentenmanagement,
  Speicherung und gemeinsamen Datenzugriff auf schwach strukturierte Informationen, Gruppendiskussionen sowie Group Authoring.

In der Regel lassen sich beide Kategorien nicht exakt voneinander differenzieren.
Beispielsweise haben Produkte zur elektronischen Unterstützung von Konferenzen
häufig auch E-Mail-Funktionen.

Das Besondere an der Groupware ist, daß es wahrscheinlich die einzige Software
ist, die primär „Knowledge Worker" (Kopfarbeiter) unterstützt und versucht, deren
Arbeitsablauf zu optimieren.

2.4 Elektronische Konferenzen

„70 % oder mehr von dem, was mit Groupwareplattformen wie Lotus Notes getan
werden kann, kann auch mit Konferenzanwendungen (Diskussionsdatenbanken)
gemacht werden. Der Markt zieht weiter an."[9] Mit dieser Behauptung qualifiziert
die Gartner Group die elektronischen Konferenzen zum wichtigsten Element der
Groupwareanwendungen.

---

[8] vgl. o. V.: *Teamarbeit wird zum wichtigsten Erfolgsfaktor in den 90er Jahren.* In: PC Magazin Nr.
26, 23. Juni 1993, S. 53

[9] vgl. AUSTIN, T.: *Groupware '94: Major Industry Changes Are Underway.* In: Office Information Systems, Gartner Group Research Note E-140-1318, 28. September 1994, S. 1

„Elektronische Konferenzen befähigen eine Gruppe von Menschen, Meetings durchzuführen, um die Wirksamkeit und engagierte Teilnahme zu verbessern und eine generell bessere Dokumentation zu ermöglichen."[10]

Eine Kategorisierung nehmen Gräslund et. al. in Abbildung 2.4-1 vor. Diese wird verändert und in die Abbildung 2.4-2 überführt:

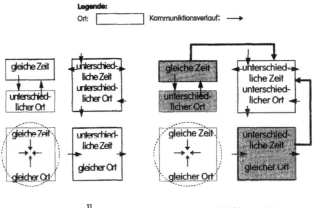

Abbildung 2.4-1[11]   (Abbildung 2.4-2)

Durch die Überführung gibt es jetzt noch zwei Klassen von elektronischen Konferenzen:

- vollelektronische Konferenzen (unterschiedliche Zeit und / oder unterschiedlicher Ort) / asynchron (Kategorie 1)

- elektronisch gestützte Konferenzen (gleiche Zeit und gleicher Ort) / synchron (Kategorie 2)

Neben den Begriffserklärungen dieser zwei Kategorien wird im folgenden noch auf zwei Sonderformen der elektronischen Konferenzen hingewiesen, die Videokonferenzen und die Bulletin Board Systeme (BBS).

---

[10] vgl. RAO, ANAND: *Team Spirit.* In: LAN Magazine, März 1993, S. 110

[11] GRÄSLUND, K./LEWE, H./KRCMAR, H.: *Neue Ergebnisse der empirischen Forschung auf dem Gebiet der computerunterstützten Gruppenarbeit - Group Support Systems (GSS).* A. a. O., S. 2

2.4.1 Elektronische Konferenzen (Kategorie 1)

Elektronische, asynchrone Konferenzen wurden dafür entwickelt, um Menschen durch die Nutzung von Groupware bei der Verfolgung gemeinsamer Ziele zu unterstützen. Diese begegnen sich nicht (oder nicht immer) persönlich, da sie zu verschiedenen Zeiten und / oder an verschiedenen Orten arbeiten. Hierzu bekommen sie ein Instrument in die Hand, das dem Benutzer eine geordnete Ablage seiner (unstrukturierten) Diskussionsbeiträge zur Kenntnis- oder Stellungnahme anderer ermöglicht. Dabei können auch Dateien oder eingebettete Bilder den reinen Text ergänzen. Sie grenzen sich insofern von Bulletin Board Systemen ab, als das bei elektronischen Konferenzen keine Anonymität herrscht und die Anzahl der Diskussionsteilnehmer überschaubar bleibt. Der bekannteste Vertreter dieser Kategorie ist das Produkt „Notes" aus dem Hause „Lotus Development" mit mehr als einer Million installierten Lizenzen weltweit.

2.4.2 Elektronisch gestützte Konferenzen (Kategorie 2)

Die Teilnehmer sitzen in einem Raum zusammen und diskutieren über das Erreichen des gemeinsamen Ziels. Dabei wird ihre Ideenfindung und Meinungsbildung durch die Benutzung eines Computers unterstützt. Die Bildschirme sind in die Tische eingelassen und behindern somit nicht den Blickkontakt (siehe hierzu Abbildung 2.4-3).

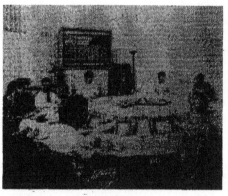

Abbildung 2.4-3: CATeam Raum an der Universität Hohenheim, Stuttgart[12]

Jeder Teilnehmer des Meetings kann sowohl an seinem eigenen Monitor als auch an einer Großbildleinwand die Einbringungen der anderen be-

---

[12] LEWE, HENRIK: *Der Einfluß der Teamgröße und Computerunterstützung auf Sitzungen.* In: KRCMAR, H. (Hrsg.): Arbeitspapiere vom Lehrstuhl für Wirtschaftsinformatik der Universität Hohenheim Nr. 57, Juli 1994, S.2; Copyright Photografie: Dollinger und Partner, Leonberg

trachten und sich durch assoziative Gedanken zu neuen Inputs bringen lassen. „Man ist dabei gezwungen, sich kurz zu fassen und auf den Punkt zu kommen, da nur fünf Zeilen für die Abgabe der Idee zur Verfügung stehen. Der Austausch der Beiträge erfolgt rechnergestützt über das Netz, nach einem Verfahren, bei dem jeweils der gerade eine neue Idee abgebende Teilnehmer eine augenblicklich un-benutzte Ideenliste erhält, während die Liste mit seiner hinzugefügten Idee für den nächsten Teilnehmer zur Verfügung gestellt wird, der eine Idee eingegeben hat. Je nach Einsatzbedingung kann die ständig aktualisierte Liste der fortlaufend einge-gebenen Kommentare auf dem allgemein sichtbaren Großbildschirm allen Sit-zungsteilnehmern angezeigt werden. Die Kommentare können mit Schlüsselwör-tern versehen werden, so daß bereits eine gewisse Ordnung in die unstrukturiert abgegebenen Kommentare gebracht werden kann."[13]

Eine ständige Visualisierung der Sitzungsergebnisse, wie sie in der Universität Ho-henheim praktiziert wird, hat den größten Nutzen, wenn sie während einer Phase der Ideenfindung eingesetzt wird. Durch die Anzeige der Ideen anderer wird die eigene Kreativität stimuliert. Die Darstellung erfolgt auf zwei Darstellungsmedien:

- Eigener Bildschirm (WYSIWIS)

- Großbildschirm

Durch den Einsatz einer „screen-sharing-Technologie" kann der wichtige Aspekt des WYSIWIS (**W**hat **Y**ou **S**ee **I**s **W**hat **I** See) in die Praxis umgesetzt werden. Wenn sich der Bildschirm bei allen gleich gestaltet, sind alle Partizipanten auf dem glei-chen Stand der Ideeneinbringung und während der mündlichen Diskussion kann auf Navigationsbezeichnungen zurückgegriffen werden („rechts unten auf dem Bildschirm" etc.).

Wird das System des WYSIWIS aufgeweicht, um individuelle Einstellungen durch die Endbenutzer vornehmen lassen zu können (ähnlich MS Windows), kann sich dies nachteilig auf den Nutzeffekt auswirken. „Durch das private Editieren und Be-wegen von Objekten und durch unvorhersehbare Verzögerungen der Anzeige

---

[13] LEWE, HENRIK / KRCMAR, HELMUT: *GroupSystems: Aufbau und Auswirkungen*. In: KRCMAR, H. (Hrsg.): Arbeitspapiere vom Lehrstuhl für Wirtschaftsinformatik der Universität Hohenheim Nr. 24, Januar 1992, S. 6

solcher Veränderungen auf allen anderen Bildschirmen sehen nicht alle Beteiligten immer dasselbe. Dadurch kann es zu Mißverständnissen kommen, die nur schwer aufzulösen sind. Da die gemeinsamen Fenster von allen Teilnehmern an unterschiedliche Stellen gelegt werden können [es wird vom System „Cognoter" berichtet], sind Objekte nicht durch Bezug auf ihre Lage referenzierbar. Die ursprüngliche Idee, gemeinsames Material für alle gleichzeitig sichtbar und damit referenzierbar zu machen, wird also nur zu Teilen verwirklicht. Anders als bei Arbeit mit bekannten Mitteln wie Wandtafel oder Flipchart trägt auch die Körperhaltung und Blickrichtung des Sprechers nicht zum schnellen Auffinden der Objekte bei, auf die er sich gerade bezieht. Der gemeinsame Bezug auf Objekt und Handlungen ist also [bei Cognoter] wider Erwarten schwierig."[14] Aufgrund dieser Beobachtung läßt sich feststellen, daß bei der Unterstützung einer real ablaufenden Konferenz die ständige Visualisierung nur dann sinnvoll ist, wenn alle dasselbe sehen, wie es ohne Computerunterstützung ebenfalls der Fall ist. Die Einführung eines Großbildschirms kann den Nutzen des EDV-Einsatzes noch weiter erhöhen, da aufgrund der zur Verfügung stehenden Projektionsfläche noch mehr geäußerte Ideen parallel dargestellt werden können und somit ein verbesserter Rekurs auf geäußerte Sitzungsbeiträge gewährleistet wird.

Interessant dabei ist, daß die Ergebnisse eines Brainstormings nicht „am Ende der Sitzung visuell zusammengefaßt (z. B. mit einem Flip-Chart)"[15] werden, wie es Biethahn et. al. bei der Umschreibung der konventionellen Methode dieser Kreativitätstechnik darstellt. Vielmehr werden die Beiträge sofort nach Einbringung im Forum visualisiert und können zu jedem Zeitpunkt zusammengefaßt werden.

2.4.3 Videokonferenzen

Den Menschen zu sehen, mit dem man spricht, das ist der Grundgedanke einer computergestützten Videoübertragung zur Unterstützung eines Telefonates. Der Teilnehmer braucht kein Fortbewegungsmittel mehr, um seinen Gesprächspartner

---

[14] MAAß, SUSANNE: *Computer gestützte Kommunikation und Kooperation.* In: OBERQUELLE, HORST (Hrsg.): *Kooperative Arbeit und Computerunterstützung.* Reihe „Arbeit und Technik: praxisorientierte Beiträge aus Psychologie und Informatik", Band 1, Stuttgart 1991, S. 30

[15] BIETHAHN, J. / MUCKSCH, H./ RUF, W.: *Ganzheitliches Informationsmanagement.* A. a. O., S. 241-242

zu sehen. Gehemmt wird dieses Ziel „in der Wirklichkeit durch die Reduktion der Gesichtsausdrücke wie Fröhlichkeit, Ärger, Aufmerksamkeit und geistige Abwesenheit durch die [niedrigen] Videoübertragungsraten und geringe [Bild-] Auflösung."[16]

Dennoch sprechen die *Anbieter* von Software für Videokonferenzen von einer hohen Wirtschaftlichkeit:[17]

- Videokonferenzen sind durch ISDN günstig.

- Die Teilnehmer bleiben in ihren Unternehmen und können sofort nach dem Meeting ihre Arbeit fortsetzen.

- Die Qualität der Videobesprechung ist höher als die von Meetings, da alle Unterlagen jederzeit verfügbar sind.

- Beliebig viele Experten aus Fachabteilungen, die normalerweise aus Zeit- oder Kostengründen nicht mitreisen würden, können ohne Probleme in die Konferenz mit einbezogen werden.

2.4.4 Bulletin Board Systeme

Die älteste Art der Meetwareprodukte stellen die Bulletin Board Systeme („Schwarzes-Brett-Systeme") dar. „Die ersten BBS erschienen in den späten siebziger Jahren und wurden schnell durch die Computerpioniere bekannt. Die ersten BBS ließen nur einen Benutzer zur gleichen Zeit einwählen, lesen und etwas zu den laufenden Diskussionen in einer Nachrichtenbank beitragen."[18]

Die Bulletin Board Systeme sind noch heute im Einsatz, in der Regel in Form von Diskussionsforen zum Austausch von Wissen. Benutzer stellen Fragen und hoffen auf eine Antwort eines anderen Benutzers. Beide, Frager und Antworter, kennen sich meistens nicht persönlich, sondern treffen sich aufgrund der Vielzahl der Be-

---

[16] vgl. MACHRONE, BILL: *Seeing Is Almost Believing.* In: PC Magazine, 14. Juni 1994, S. 233

[17] vgl. SCHWARTZ, CHRISTOPH: *Videokonferenzen: Weltweit kommunizieren ohne Produktivitätsverlust.* In: PC Magazin, Nr. 49, 30. November 1994, S. 18-19

[18] vgl. SALEMI, JOE: *The Electronic Watercooler: The Bulletin Board System.* In: PC Magazine, 14. Juni 1994, S. 194

nutzer quasi anonym. Die Anonymität wird nur dann partiell aufgehoben, wenn - wie bei CompuServe - der Name des Antworters mitgespeichert wird. Viele Mailboxen haben auch eine E-Mail-Funktionalität, insofern lassen sich Bulletin Board Systeme nicht in die unter 2.3 eingeführte Kategorisierung „E-Mail-basierend ⟺ Dokumentenmanagement" einordnen.

3. Voraussetzungen an die Software der Kategorie 1

Um elektronische Konferenzen durchführen zu können, sollte die Software diverse Voraussetzungen erfüllen. Diese sind nicht zwingend, dennoch als Kriterien für die Auswahl eines solchen Systems empfohlen und werden im folgenden beschrieben.

3.1 Textverarbeitung mit Volltextsuche

Um dem Anwender die Eingabe in eine Diskussionsdatenbank zu erleichtern, sollte das ausgewählte Produkt ein Textverarbeitungsmodul beinhalten, das neben den typischen Funktionen (Blocksatz, Fettschrift etc.) auch eine Rechtschreibprüfung, eine Schlagwortverwaltung und eine Volltextsuche bereitstellt.

Besonders die Volltextsuche ist von ausgesprochener Wichtigkeit, da die Benutzer in der Regel einen Schlagwortkatalog nicht korrekt pflegen und bei zunehmender Projektdauer und Teilnehmerzahl die Masse der Beiträge eine gezielte Suche nicht zuläßt, so daß es zu einer „Informationsflut" kommt[19], die ein geordnetes Arbeiten mit den bereits erfolgten Beiträgen nicht mehr zuläßt. Dieser muß mit intelligenten Systemen zur Volltextsuche entgegengetreten werden, die möglicherweise auch selbständig Indizes erstellen und erweitern, um einen raschen Zugriff auf den gewünschten Sachverhalt zu ermöglichen. Wie diese Systeme arbeiten, beschreiben Edwin R. Addison und Paul E. Nelson in einem Artikel[20] über das System ConQuest, das eine solche Hypertextsuche ermöglicht.

---

[19] vgl. KESSLER, JACK: *Fulltext Online: Defining the Coming Flood.* In: University of Califoria, Berlely: Proc. Of the 13th Nat. Online Meeting, New York, USA, May 5-7, 1992, S. 183-185.

[20] vgl. ADDISON, EDWIN R. und NELSON, PAUL E.: *Intelligent Hypertext.* In: University of Califoria, Berlely: Proc. Of the 13th Nat. Online Meeting, New York, USA, May 5-7, 1992, S. 27-30.

3.2 Sortierungs- und Filtrierungsmechanismen

Um der in Kapitel 3.1 beschriebenen Informationsflut entgegenzutreten, helfen auch Sortierungs- und Filtrierungsmechanismen. Diese könnten beispielsweise alle die Diskussionsbeiträge extrahieren, die während des letzten Monats erstellt wurden. Ebenso wäre eine Sortierung nach Autoren oder nach Schlagwörtern denkbar und effektiv. Hinzukommt eine Unterteilung in gelesene und ungelesene Dokumente innerhalb der Diskussionsdatenbank, damit auf einfache Weise „alte" und „neue" Beiträge unterschieden und gezielt selektiert werden können.

„Bei der Erledigung planerischer Aufgaben verbirgt sich der eigentliche Informationsgehalt oft absolut unstrukturiert in einer Vielzahl von Stellungnahmen, Berichten, Vorschlägen, Entscheidungen und Statements, die wiederum eine fast gleiche Anzahl an Rückfragen und Ergänzungen produzieren. Das Herausfiltern der relevanten Information kostet wertvolle Arbeitszeit und hemmt weitere Kreativität."[21] Insofern gehen die Volltextsuche und die Filtrierungsmechanismen Hand in Hand, um den Suchaufwand - wie beschrieben - zu minimieren.

3.3 Verteilung von Zugriffsberechtigungen

Einem Benutzer, der sich beim Einstieg in eine Meetwareanwendung legitimiert, werden Zugriffsberechtigungen vom System nach Vorgabe des Administrators zugeteilt. Sie wurden zuvor vom Administrator festgelegt und regeln, an welcher Stelle der aktuelle Teilnehmer lesen, schreiben, kommentieren oder löschen kann. So kann an einen Beobachter eines Projektes nur die Leseberechtigung vergeben werden, damit dieser nicht Gefahr läuft, unbeabsichtigt Sachverhalte zu manipulieren oder zu löschen. Die Option der Vergabe von Zugriffsberechtigungen ist heutzutage Standard und selbst schon bei preiswerten E-Mail-Produkten implementiert. Weitere Sicherheitsmerkmale sind elektronische Unterschriften und Verschlüsselungsalgorithmen (Encryption).

---

[21] KARL, RENATE: *Unternehmenskommunikation unter dem Aspekt Workflowmanagement und Groupware: Noch viele leere Hüllen am Markt.* In: Computerwoche Extra 2, 10. März 1995, S. 27

3.4 Plattformunabhängigkeit der Anwendung

Innerhalb eines Unternehmens gibt es in der Regel diverse Betriebssystemplattformen. So sind Kombinationen von UNIX-, DOS/Windows- und Mac-Rechnern nicht selten. Kaum ein Mitarbeiter arbeitet auf allen drei Plattformen. Um dennoch alle miteinander kommunizieren lassen zu können, ist eine Plattformunabhängigkeit der Anwendung gefordert, die auch von vielen Softwareproduzenten angeboten wird. Eine Aufstellung bietet hier die Marktübersicht „Groupware" in der Computerwoche[22].

3.5 Fernzugriffsmechanismen

Wo Projektmitglieder an den elektronischen Konferenzen teilnehmen wollen, obwohl sie an geographisch getrennten Orten sitzen, sollte es eine Möglichkeit des Zugriffs an ihre Diskussionsdatenbanken geben. Die eine Möglichkeit sind Fernzugriffe über Modembetrieb, die sich bei jeder Anfrage in *eine zentrale Datenbank* einloggen. Die andere Möglichkeit sind Replikationsmechanismen, die die Haltung von *beliebig vielen dezentralen Datenbanken* (Repliken) ermöglichen. Dabei dringt pro Abgleich nur die inkrementelle Datenmenge durch das Netz, die sich aus den neu erstellten und den veränderten Beiträgen zusammensetzt. In dem Handbuch des Marktführers wird der Vorgang wie folgt beschrieben:

„Durch Replizieren von Datenbanken verteilt und aktualisiert Notes Datenbankkopien auf mehreren Servern. Die Server setzen sich dazu miteinander in Verbindung, und die Datenbanken tauschen neue und bearbeitete Dokumente aus, ohne den normalen Datenbankzugriff des Benutzers zu beeinträchtigen. Durch das Replizieren weisen alle Kopien einer Datenbank den gleichen Inhalt auf. Wird eine Kopie einer Datenbank verändert, bewirkt der Replizuervorgang, daß die Änderungen in allen Kopien vorhanden sind."[23]

Programme zur Steuerung der Replikationsmechanismen erlauben auch, günstige Nachttarife zu nutzen und das Replik während der Abwesenheit des oder der Be-

---

[22] o. V.: *Marktübersicht: Groupware.* In: Computerwoche, Nr. 39, 24. September 1993, S. 32-33

[23] o. V.: *Lotus Notes: Administratorhandbuch, Version 2.0.* Lotus Development 1991, Kapitel 1, S. 2

---

nutzer entgegenzunehmen. Für eilige Abgleiche kann auch eine sofortige Daten-
übertragung erfolgen.

4. Einsatzmöglichkeiten und Nutzeffekte

Dieses Kapitel soll darstellen, unter welchen Voraussetzungen es sinnvoll ist, elektronische Konferenzen einzusetzen und welche Nutzeffekte sich daraus ergeben
können. Dabei werden in diesem Kapitel zunächst die Nutzeffekte betrachtet, die
sich die Entscheidungsträger wünschen und mit denen dann in der Regel eine
Wirtschaftlichkeitsbetrachtung angefertigt wird. Der soziale Aspekt, bestehend aus
Psychologie und Kommunikationswissenschaft, der hauptsächlich die negativen
Nutzeffekte betrachtet, entfällt bewußt in diesem Kapitel und wird in Kapitel 5 behandelt.

4.1 Einsatzmöglichkeiten

Grundsätzlich lassen sich elektronische Konferenzen für jede Gruppenart einsetzen. Dabei ist es egal, ob es sich um eine soziale, politische oder religiöse Vereinigung handelt, ob diese Software in Unternehmungen eingesetzt wird oder ob einige befreundete Computerfreaks auf diese Weise kommunizieren. Jedoch sind
Effizienz und Effektivität einer solchen Sitzung von diversen Faktoren abhängig, die
im folgenden näher erläutert werden.

Wenn die Gruppe, die durch Meetware in ihrem (Projekt-)Verlauf unterstützt werden soll, sich jeweils im oberen Drittel der Skalierung der Zeichnungen in den folgenden Abschnitten befindet, ist ein Einsatz sinnvoll. Ist das Team nur teilweise im
oberen Bereich einzuordnen, muß eine Einführung von elektronischen Konferenzen präzise geprüft werden. Sollte die Gruppe sich nur im unteren Bereich wieder-
finden, ist von einem Einsatz abzuraten.

4.1.1 Optimale Teilnehmerzahl zum Meetware-Einsatz

Wie viele Personen an einer Sitzung teilnehmen, ist sehr stark schwankend und ist
von den Rahmenbedingungen abhängig, unter denen sich die Gruppe zusam-
menfindet. Die Größe eines Betriebsrates ist beispielsweise nicht von einer Willkür
eines Entscheidungsträgers abhängig, sondern von gesetzlichen Vorgaben (2000

Arbeitnehmer = 15 Mitglieder[24]. In Gruppen, die sich aus Freiwilligen zusammensetzen, hängt die Mitgliederzahl von der Attraktivität der Aufgabe ab. Teams in Unternehmen haben häufig eine Teilnehmerzahl von vier bis neun Personen, da eine enge Zusammenarbeit zur Erreichung der Ziele bei Teilnehmerzahlen von mehr als neun Personen nicht mehr gegeben ist.[25]

Bei der Unterstützung durch die mit Kategorie 1 bezeichnete Art der elektronischen Konferenz auf Basis einer Kommunikationsdatenbank verhält sich ein Nutzenverlauf ähnlich. Eine zu große Anzahl (>6 Personen) läßt die Inputmasse - bei gleichmäßiger Beteiligung aller Partizipanten - in der Datenbank so stark anwachsen, daß es zu einer Beitrags- und somit Informationsüberflutung der Projektmitglieder kommt. T. Austin behauptet sogar, daß bei einem linearen Wachstum der Teilnehmerzahl die Zugangsmasse der elektronischen Konferenz exponentiell wächst[26]. Insofern liegt das Optimum der Tatsache,

daß bei steigender Teilnehmerzahl das verfügbare Wissen der Gruppe steigt, gleichzeitig jedoch die Übersichtlichkeit sinkt, bei ca. 6 teilnehmenden Personen[27].

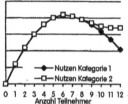

Abbildung 4.1-1: Nutzenverlauf Teilnehmerzahl

Während sich die in Abbildung 4.1-1 dargestellten Kurven bei einer Teilnehmerzahl bis 6 Personen überlagern, ist der Nutzen bei Kategorie 2 der Meetwareanwendungen (elektronische Unterstützung real ablaufender Sitzungen) bei mehr als 6 Gruppenmitglieder nicht so stark abfallend wie bei Kategorie 1. Dieses ergibt sich aufgrund der Ausführungen von Henrik Lewe[28] über den Einfluß der Teamgröße auf den

---

[24] vgl. Betriebsverfassungsgesetz, § 9

[25] vgl. FRANCIS, DAVE: *Mehr Erfolg im Team: Ein Trainingsprogramm mit 46 Übungen zur Verbesserung der Leistungsfähigkeit in Arbeitsgruppen.* Essen-Werden 1982, S. 9

[26] vgl. AUSTIN, T.: *Groupware: The Case of the Disappearing Benefit.* In: Office Information Systems, Gartner Group Research Note SPA-140-1311, 16. September 1994, S. 1

[27] Bei Konferenzen, die nur auf Erfahrungsaustausch und nicht auf Entscheidungsfindung ausgelegt sind, kann die optimale Teilnehmer höher sein.

[28] LEWE, HENRIK: *Der Einfluß der Teamgröße und Computerunterstützung auf Sitzungen.* A. a. O.

Nutzen der Kategorie 2. Er stellte fest, daß einige der sitzungsprozeßbezogenen Effekte bei größeren Gruppen zunahmen. „Dazu gehörten die Vollständigkeit der Informationsauswertung, die Gleichmäßigkeit der Partizipation, der Anonymitätsgrad und die Anonymitätserfordernis, der Verbesserung der Konfliktsituation im Team sowie die Ideenmenge und die Ideenvielfalt."[29]

4.1.2 Optimale Projektdauer zum Meetware-Ersteinsatz

Die Dauer der Zusammenarbeit eines Projektteams ist in der Regel von der Komplexität der zu bearbeitenden Aufgabenstellung abhängig. So läßt sich vermuten, daß der Nutzen einer elektronischen Konferenz mit der Größe der Aufgabenproblematik steigt, weil gerade dann eine Unterstützung sinnvoll ist, wenn die Software voll ausgenutzt wird. Diese

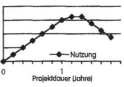

Abbildung 4.1-2: Nutzungsverlauf

Betrachtungsweise trifft dann zu, wenn man eine gleichmäßige Nutzung der Meetware voraussetzt. Diese ist jedoch nicht gegeben, wie die Abbildung 4.1-2[30] darstellt. T. Austin stellt hierbei fest, daß nach etwas mehr als einem Jahr die Nutzung der elektronischen Konferenz nachläßt und „Langeweile, Frustration oder Informationsüberflutung die anfängliche Euphorie ersetzen, was insofern ironisch ist, als daß eine Rechtfertigung für elektronische Konferenzen die Fähigkeit ist, die Informationsüberflutung der E-Mail-Systeme zu reduzieren."[31]

Insofern wird gerade dann ein Ersteinsatz der Meetware sinnvoll sein, wenn das Projekt circa ein Jahr dauert. Bei Folgeprojekten, bei denen die Mitarbeiter das Meetware-Produkt bereits benutzt haben, kann ein Einsatz selbst dann sinnvoll sein, wenn die Projektdauer nur vier Tage dauert (vgl. Abschnitt 4.2.1.2).

---

[29] Lewe, Henrik: *Der Einfluß der Teamgröße und Computerunterstützung auf Sitzungen.* A. a. O., S. 11

[30] vgl. Austin, T.: *Groupware: The Case of the Disappearing Benefit. A. a. O., S. 1*

[31] vgl. Austin, T.: *Groupware: The Case of the Disappearing Benefit. A. a. O., S. 1*

4.1.3 Optimale Sitzungshäufigkeit zum Meetware-Einsatz

Jede Gruppe hat einen Sitzungsrythmus. Dieser ist abhängig von der Komplexität der Aufgabe, Dringlichkeit der Zielfindung und Verfügbarkeit des Personenkreises. Daraus läßt sich folgern, daß die Häufigkeit der Sitzungen je nach Team stark schwankt. In bezug auf Meetware läßt sich - wie in Abbildung 4.1-3 dargestellt - sagen, daß der Nutzen der elektronischen Konferenz direkt abhängig ist von der Sitzungshäufigkeit vor dem Einsatz einer elektronischen Konferenz. Je öfter die Personen (ohne Groupwareunterstützung) zusammenkommen würden, desto höher wäre die Wirtschaftlichkeit für das einsetzende Unternehmen. Hier gibt es das größte Einsparungspotential, da jede Sitzung den Mitarbeiter aus dem gewohnten Arbeitsablauf herauszieht. Ausnahmen sind erwartungsgemäß Gruppen, die sich so häufig treffen, daß sie einen ständigen Kontakt haben, wie zum Beispiel die Organisationsform der Task Force.

Die Kurve zu einer „optimalen Sitzungsdauer" verläuft äquivalent zur Kurve „Nutzenverlauf Sitzungshäufigkeit". So sind auch die Gruppen gut zu unterstützen, die ständig so lange Sitzungen durchführen, daß sich die Teilnehmer nicht bis zum Ende konzentrieren können und dieses eventuell zur Aggressivität des einzelnen führt. Hier wäre eine Entlastung spätestens durch elektronische Konferenzen angebracht.

Abbildung 4.1-3: Nutzenverlauf Sitzungshäufigkeit

4.1.4 Optimales Gruppenprofil zum Meetware-Einsatz

Das Gruppenprofil setzt sich aus den Veranlagungen der Benutzer in bezug auf den Umgang mit EDV zusammen. Diese Veranlagungen resultieren in der Regel aus den Erfahrungen im Umgang mit Software, häufig sind sie auch abhängig vom Alter und der inneren Einstellung gegenüber Neuem. Daraus resultierend ist auch die Einsatzmöglichkeit einer elektronischen Konferenz zur Unterstützung einer Gruppe.

Die Gartner Group unterteilt ihre Kunden in drei Typen, die übertragbar sind in die Typen von Benutzern einer Software, hier speziell der Meetware[32]:

- Typ A: aggressiv

- Typ B: pragmatisch

- Typ C: konservativ

Typ A-Benutzer, die progressiven Trendsetter, die jeder Innovation offen gegen-überstehen, werden keine oder nur wenige Probleme haben, sich mit einer neuen Technologie wie der elektronisch gestützten Zusammenkunft auseinanderzuset-zen. Sie werden vielmehr ihre Chancen und Wettbewerbsvorteile gegenüber zö-gerlichen Kollegen sehen. Typ A-Benutzer benötigen häufig keine oder nur eine kurze Schulung. Sie ziehen bereits in der Einführungsphase hohen persönlichen Nutzen aus dem Produkt und können sich mit den Ergebnissen ihrer Arbeit beim Management profilieren. Der Nachteil dieser Benutzer ist, daß sie durch das Ler-nen nach dem „Trial and Error"-Verfahren sehr viel Zeit vergeuden und somit inef-fizient arbeiten.

Typ B-Benutzer warten ab. Ihre Pragmatik läßt sie sich auf das Wesentliche kon-zentrieren, welches ihrer Meinung nach den größten Nutzen verspricht. Nach der kritischen Betrachtung und einem angemessenen Training und einer Einarbei-tungsphase ist diese Benutzerart jedoch durchaus in der Lage, mit dem Produkt zu arbeiten, wenn auch nur mit der wichtigsten Teilmenge der Funktionen.

Typ C-Benutzer sind eher technikablehnend. Sie bevorzugen das Bewährte, mit dem sich ihre Arbeit auch in der Vergangenheit erledigen ließ. Um sie für die Be-nutzung elektronischer Konferenzen zu gewinnen, bedarf es einer extrem langen Anlaufzeit und einer intensiven Schulung. Sie können die Wirtschaftlichkeit des Meetware-Einsatzes gefährden und bedürfen somit einer besonderen Beachtung durch die einführende Funktion.

Bei der Kombination dieser drei Benutzergruppen kann es einen sehr differieren-den Nutzungs und Nutzenverlauf geben. Er beginnt bei keinem Nutzen (nur C-

---

[32] vgl. AUSTIN, T: Lotus Notes: „Top 6" Applications and Pitfalls. In: Office Information Systems, Gart-ner Group Research Note P-140-1261, S. 1, 29. April 1994

Benutzer, die sich nicht von einer sinnvollen Unterstützung elektronischer Konferenzen überzeugen lassen) und endet bei einem sehr hohen Niveau (nur A- und B-Benutzer: kaum Schulung, schnelle Einarbeitung, schnelle Amortisation).

4.2 Gewünschte Nutzeffekte

Bevor ein Softwareprodukt in der Praxis eingeführt wird, prüft eine vom Management eingesetzte Instanz die Wirtschaftlichkeit des Programms. Dazu werden verschiedene Folgen aus dem Einsatz des Programmes / Systems in Beziehung gebracht, die zur Wirtschaftlichkeitsberechnung in diversen Vorgehensweisen verarbeitet und ausgewertet werden können. Die Verfahren zur Ermittlung der Wirtschaftlichkeit können in diesem Kapitel nicht behandelt werden, es sei aber auf die Publikation von Biethahn et. al. „Ganzheitliches Informationsmanagement"[33] verwiesen, die diverse Methoden der klassischen und mehrdimensionalen Wirtschaftlichkeitsrechnung sowie grobe Schätzverfahren darstellt.

Die Anregung zur genaueren Untersuchung dieser Art der Software stammt in der Regel aus dem Wunsch, die

- Projektdauer zu verkürzen

- die Anzahl und die Dauer der Sitzungen zu minimieren

- Qualität der Zusammenkünfte zu erhöhen.

Oftmals kommt die Anregung, Sitzungen zu optimieren aus dem Management. Viele Führungskräfte stört, daß

- Sitzungen zu lange dauern   *66 % Zustimmung*

- bei Sitzungen viel Zeit dadurch verloren geht, daß bereits bekannte Informationen vermittelt werden   *47 %*

- Redner nicht zur Sache kommen   *40 %*

- die Qualität der Entscheidungsvorlage zu wünschen übrig läßt   *27 %*

---

[33] BIETHAHN, J. / MUCKSCH, H./ RUF, W.: *Ganzheitliches Informationsmanagement.* Bd. 1 - Grundlagen, München 1994, S. 332-380

- die vielen Dienstreisen kostbare Zeit stehlen *19 %* [34].

Aufgrund dieser Tatsachen besteht dringender Handlungsbedarf für die Unternehmen, eine Optimierung - gegebenenfalls auch EDV-technisch - vorzunehmen und bei der Wahl einer Computerunterstützung die Software in die bestehende Infrastruktur einzubinden oder diese zu erweitern. Sämtliche Aspekte in den folgenden Abschnitten haben mittel- oder unmittelbar zum Ziel, die oben angesprochenen Wünsche annähernd zu erfüllen und die Störfaktoren zu eliminieren.

4.2.1 Nutzeffekte Kategorie 1

Die in diesem Kapitel beschriebenen Nutzeffekte konzentrieren sich auf eine asynchrone Nutzung der elektronischen Konferenzen. Dabei können die Partizipanten auch, wie es in Abbildung 2.5-1 dargestellt ist, sich zufällig in einem Raum befinden oder zur gleichen Zeit arbeiten. Die dargestellten Effekte in den Unterpunkten zwei bis fünf stellen sich bereits in abgeschwächter Form bei der disziplinierten Nutzung eines E-Mail-Tools ein. Die immensen Vorteile der elektronischen Konferenz gegenüber der elektronischen Post liegen jedoch in dem datenbankähnlichen Aufbau zur besseren Strukturierung und Visualisierung der Beiträge.

4.2.1.1 Unterstützung der Gruppenarbeit als Gesamtprozess

Eine Gruppe, wie sie als Definition in Kapitel 2.1 dargestellt wurde, kooperiert nicht von Anfang an perfekt. Eine Gruppe *wächst* mit der Zeit in einem Prozeß[35] zusammen. Zerlegt man den Gesamtprozeß in Teilprozesse, werden einzelne Kategorisierungen wie in Abbildung 4.2-1 deutlich. Durch diese Darstellung wird darüber hinaus anschaulich gemacht, welche Teilprozesse durch eine (asynchrone) elektronische Konferenz unterstützt werden können[36] und welche nicht. Das Mat-

---

[34] Die Werte über die Zustimmung der einzelnen Thesen wurden auszugsweise übernommen aus einer Umfrageaufstellung des Werkes: MÜLLER-BÖLLING, DETLEF: *Informations- und Kommunikationstechniken für Führungskräfte: Top-Manager zwischen Technikeuphorie und Tastaturphobie.* München 1990, S. 92

[35] Die Pädagogen sprechen hier von dem „gruppendynamischen" Prozeß.

[36] Diese wurden durch eine Grauschattierung und Kursivschrift hervorgehoben.

ching wurde anhand von meinen Erfahrungen mit dem Groupwareprodukt „Notes" der Lotus Development Corp. vorgenommen.

Es zeigt sich deutlich, daß durch Meetware ein Großteil der Teilprozesse unterstützt werden kann, so daß dies als starker Nutzeffekt angeführt werden muß. Jedoch kann eine solche Software beispielsweise nicht eine Identifikation des Einzelnen mit der Gruppe erreichen. Diese muß auch weiterhin „manuell" - also auf zwischenmenschlicher Basis - geschehen und kann nicht durch den Einsatz eines Mikrocomputers ersetzt werden.

Teilprozesse der Gruppenarbeit				
	Kommunikation	**Verarbeitung**	**Eingliederung**	**Beeinflussung**
Gemeinsamer Input	Gemeinsames Referenzobjekt im Kommunikationsprozeß (screen sharing / document sharing)	Gemeinsame Nutzung von Informationsquellen / Vorleistungen (Datenbanken etc.)	Ähnlich gelagerte Sozialkompetenzen, unterschiedliche Fachkompetenzen, Ziele, Leistungskriterien	Ähnlich gelagerte Werte, Einstellungen, Normen
Gemeinsame Informationstransformation (IV-Prozeß)	Nutzung gemeinsamer Kommunikationskanäle (E-Mail etc.)	Gemeinsames Bearbeitungsobjekt (object sharing / shared Workspace)	Austausch von Wissen	Austausch von Rollen- und Normenerwartungen
Gemeinsamer Output	Gemeinsamer Ideenspeicher	Gemeinsame Arbeitsergebnisse / Zusammenführung der Ergebnismodule	Gruppenspezifisches Wissen / Know-how	Identifikation mit der Gruppe
Aufgabenorientierte Prozesse			**Mitarbeiterorientierte Prozesse**	

Abbildung 4.2-1: Unterstützung des Gruppenprozesses[37]

Der besondere Aspekt des Wissenspeichers / Gruppen-Know-Hows wird noch im Abschnitt 4.2.1.7 genauer erläutert.

---

[37] in Anlehnung an: REIß, MICHAEL / SCHUSTER, HERRMANN: *Organisatorische Erfolgsfaktoren des Groupwareeinsatzes*. In: Office Management 6/94, S. 20

4.2.1.2 Stimulation der Kreativität

„Kreativität zeigt sich am deutlichsten dort, wo neue Lösungen für ein Problem gefunden werden, wo neue Begriffe entstehen, wo ein Gegenstand oder Sachverhalt in eine neue Perspektive gerückt wird, wo Bestehendes neu verknüpft oder neu gestaltet wird. Kreative Leistungen enthalten das Moment des Neuen; das Hervorbringen von Neuem muß als wesentlichstes Merkmal kreativen Denkens und Handelns angesehen werden. Zu Recht wird von Kreativität gesprochen, wo der Beweis für eine Leistung vorliegt, die neu (originell), demzufolge selten und brauchbar bzw. lohnend ist."[38]

Anhand dieser Beschreibung der Kreativität und dem Ausdruck ihrer Wichtigkeit muß es Ziel einer jeglichen Unterstützung eines Projektverlaufes sein, die Kreativität der Projektpartizipanten zu stimulieren, um möglichst viele (neue) Lösungsvorschläge zur Erreichung des gemeinsamen Ziels zu bekommen.

Kein Mensch ist immer kreativ. Bei einer elektronischen, asynchronen Konferenz (Kategorie 1) wird auf dieses Faktum Rücksicht genommen. Das Teammitglied kann dann sofort an der Sitzung teilnehmen und Ideen äußern, sobald es diese Ideen hat. Die Gedanken zur Erreichung eines Projektfortschritts kommen häufig dann, wenn sich der Partizipant von der eigentlichen Problemstellung gedanklich entfernt, da er dann einen neuen Blickwinkel auf die eigentliche Problematik bekommt. Insofern ist eine terminunabhängige Einbringungsmöglichkeit von Ideen in das Projektauditorium von Vorteil. Die Idee kann dann innerhalb der Gruppe weiterverarbeitet (im positiven Fall) oder eliminiert (im negativen Fall) werden.

4.2.1.3 Zeitvorteile

„Das Projekt-Management mit seiner kommunikativen und seiner Engineering-Seite sowie einer ausgeprägten Qualitätssicherung ist von entscheidender Bedeutung [für das Unternehmen]. Prozesse, Kosten, Zeiten, Qualität, Mitarbeiter etc. sind zu berücksichtigen. Dabei wird der Faktor Zeit als Wettbewerbsfaktor immer

---

[38] DELHEES, KARL H.: *Soziale Kommunikation: Psychologische Grundlagen für das Miteinander in der modernen Gesellschaft.* Opladen 1994, S. 376

wichtiger."[39] Die von Horst Walther beschriebene Relevanz der schnellen Reaktion der Unternehmen gegenüber neuen Anforderungen des Marktes stellt einen sehr großen Vorteil der elektronischen Konferenzen der Kategorie 1 dar, der anhand des folgenden Beispiels anschaulich gemacht werden soll:

„Die amerikanische Unternehmensberatung Price Waterhouse konnte innerhalb von nur vier Tagen das Konzept für einen potentiellen Kunden erarbeiten, obwohl die dafür nötigen Spezialisten über drei verschiedenen Länder verteilt lokalisiert waren. Dank mobiler Kommunikation und ausgereifter Datenreplikation war es den Fachleuten möglich, das Konzept in einer Art 'Computerkonferenz' zu erstellen. Dabei halfen ihnen Informationen über das zu beratende Unternehmen, die aus unterschiedlichen Quellen in einer zentralen Dokumentendatenbank zusammengetragen worden waren. Diese standen dank moderner Replikationsmechanismen allen Beteiligten zur Verfügung. Der Erfolg war ein Auftrag von mehreren Millionen Dollar."[40]

„Der Pulsschlag eines Unternehmens verändert sich. 'Entscheidungen fallen heute realtime, nicht mehr mit so langen Vorlaufzeiten. Auch Richtungsänderungen werden brutal schnell gemacht', konstatiert Rainer Mauthe, Leiter technisches Marketing bei der deutschen INTEL-Niederlassung in Feldkirchen. Ausschlaggebend dafür ist die Technik, die Informationen schnell verfügbar macht."[41]

4.2.1.4 Höhere Verfügbarkeit der Mitarbeiter an der hauptsächlichen Arbeitsstelle

Wer versucht, einen Mitarbeiter zu erreichen, probiert es an dem hauptsächlichen Arbeitsplatz. Dort ist sein Telefon, möglicherweise sein Computer, sein Telefax, seine Sekretärin, seine Unterlagen, kurzum: dort ist alles, was dieser Mitarbeiter zur Erledigung seiner Arbeit braucht. Wenn dieser Mitarbeiter häufig nicht an seinem Platz ist, weil er sich in Sitzungen oder auf Dienstreisen befindet, ist es in der

---

[39] WALTHER, HORST: *Business Re-Engineering in der Praxis: Orientierung an Prozessen steigert die Flexibilität.* In: Computerwoche Jubiläumsausgabe, Oktober 1994, S. 365

[40] MANZI, JIM (Geschäftsführer von Lotus Development): *Workgroups kennzeichnen die Unternehmen der Zukunft.* In: Computerwoche Jubiläumsausgabe, Oktober 1994, S. 363

[41] SCHNEIDER, STEFANIE: *In vernetzten Unternehmen wird der Chef zum Problem.* In: Computerwoche Nr. 32, 12. August 1994, S. 12

Regel nicht möglich, mit ihm Kontakt aufzunehmen (Ausnahmen sind Werkzeuge wie Handys, Laptops mit Funkkontakt etc.). Der potentielle Gesprächspartner hat keine andere Möglichkeit, als diesem Abwesenden eine E-Mail oder eine Notiz zu hinterlassen oder sich eine andere Person zu suchen, die seinen Anforderungen entspricht.

Der Einsatz von elektronischen, asynchronen Konferenzen würde diese Abwesenheiten auf ein natürliches Minimum[42] reduzieren und den Mitarbeiter verfügbarer machen. Der Effekt wäre, daß sich die Teilnahme am Alltagsgeschäft nicht nach den Frei-Zeiten zwischen den Sitzungen zu richten hätte, sondern die Teilnahme an den Sitzungen flexibilisiert würde. Für Kunden, Vorgesetzte und Kollegen wäre eine Aufwertung des Alltagsgeschäfts von Vorteil, ohne daß für den Sitzungsverlauf Nachteile entstünden, vorausgesetzt, daß es sich um eine gut zu unterstützende Sitzung handele[43].

4.2.1.5 Flexiblere Diskussionspartizipation durch Unabhängigkeit von Tageszeit oder Zeitverschiebungen

„Zukunftsforscher wie der Amerikaner John Naisbitt und der Deutsche Gerd Gerken, weisen darauf hin, daß heute der Impuls in Richtung auf eine mögliche Lösung das wichtigste Element in der Lösungsfindung ist. „Brainstorming", also das unstrukturierte Sammeln von Ideen und Gedanken in einer lockeren Atmosphäre, ist hier das Mittel der Wahl. Wenn wir diese beiden Aspekte miteinander verknüpfen, so ist klar, daß für eine Vielzahl von alltäglichen Aufgaben in allen Branchen ein Brainstorming unter mehreren Experten notwendig ist - und das möglichst auch zeit- und gegebenenfalls ortsunabhängig. ... Was aber überhaupt nicht mit klassischen Ablage- und Dokumentationssystemen realisiert werden kann, ist die permanente Präsenz aller Informationen bei jedem Mitglied - und dies sowohl orts- als auch zeitungebunden....".[44] Die von dem Verfasser dieses Artikels in der Zeitschrift „PC Netze" mehrmals geforderte Zeit- und Ortsungebundenheit einer Sitzungsteilnahme und Verfügbarkeit der Informationen für die Gruppe bestätigt

---

[42] Urlaub, Krankheit, Benutzung sozialer Einrichtungen etc.

[43] vgl. Kapitel 4.1 dieser Arbeit.

[44] o. V.: *Gruppentherapie: Überblick Groupware für PC-Netzwerke.* In: PC Netze 1/1993, S. 49

den Wunsch vieler Sitzungsteilnehmer, die Partizipation an diesem Meeting von äußeren Einflüssen abzukoppeln. Äußere Einflüsse können sein:

• Dezentrale Arbeitsstätten

• Zeitverschiebungen

• unterschiedliche Feiertage in den (Bundes-) Ländern

• Arbeitsgewohnheiten (Frühaufsteher / Nachtarbeiter)

Durch die Einführung eines Tools zur Unterstützung einer elektronischen Konferenz würden die äußeren Einflüsse als Hinderung bei der Durchführung einer Sitzung entfallen. Besonders die Zeitverschiebungen behindern Unternehmen, die international tätig sind und deren Mitarbeiter mit Kollegen in anderen Zeitzonen sprechen müssen. Außerdem kann die Teilnahme an der elektronischen Konferenz dann erfolgen, wenn der Partizipant es will[45] und es in seinen persönlichen Arbeitsfluß paßt. Dies ist besonders zur Stimulation der Kreativität sinnvoll, wie bereits in Kapitel 4.2.1.2 ausführlich beschrieben.

4.2.1.6 Geringere Reisekosten

„.... Für Face-to-face-Meetings kann die Reise zu einem wichtigen zusätzlichen Kostenfaktor werden. Die Gehalts- und Gehaltsnebenkosten während der Reise müssen ebenso mit einbezogen werden."[46] Die Reisekosten werden somit zu einem zusätzlichen Aufwandsblock für die Durchführung eines Meetings. Neben den Kosten für die Fahrkarten / Flugtickets, Spesen, Übernachtungen, Taxi etc. müssen zusätzlich noch die Kosten für die Bestellung der Beförderungsmittel und Übernachtungsmöglichkeiten eingerechnet werden. Die Reduktion dieser „Sitzungsnebenkosten" kann u. a. durch die Einführung einer elektronischen, ortsungebundenen Konferenz als Nutzeffekt auftreten, da hier, wie auch im Kapitel 4.2.1.4 beschrieben, der Mitarbeiter von seinem Arbeitsplatz aus kommuniziert. Ein weiterer (angenehmer) Nutzeffekt hängt mit der Reduzierung der Reisekosten

---

[45] Was allerdings zu Verzögerungen im Arbeitsprozeß führen kann.

[46] vgl. OLSEN, BENGT A.: *Cost benefit analysis of mail & conference systems.* In: Electronic message systems. Proceeding of the international business strategy conference, London, GB, October 1986, Band 3, S. 157

(somit auch der Reisen) zusammen: Der Mitarbeiter wird nicht einer unnötigen Gefährdung ausgesetzt. Besonders im Individualverkehr kann die Person durch Zeitdruck in ein Gefährdungspotential kommen, daß für das Unternehmen nicht wünschenswert.

4.2.1.7 Verbesserte und vollständigere Dokumentation der Sitzungen

„Aktualität und Qualität von Informationen sind wesentliche Komponenten eines jeden Geschäftsprozesses und bestimmen seinen Wert. Diese Wertschöpfung erlangt eine immer höhere Relevanz für das Kerngeschäft der Unternehmen oder wird selbst zum eigenständigen Produkt in einer dienstleistungsorientierten Gesellschaft. Ziel muß es sein, diese Wertschöpfung der Geschäftsprozesse zu verbessern."[47]

Projektverläufe sind häufig schlecht dokumentiert: Einbringungen Einzelner werden nicht erfaßt, die Information wird vernachlässigt. Zwischen- und Schlußberichterstattung bedeutet für die Partizipanten des Teams große Mühe und nimmt viel Zeit in Anspruch.

So ist das Dokumentenmanagement ein Schwachpunkt in vielen Unternehmen. „Kein Wunder, wenn man bedenkt, daß ein Angestellter etwa 50 bis 80 Prozent seiner Zeit benötigt, um die Informationen für das Bearbeiten einer Aufgabe zu finden und nur fünf Prozent davon online verfügbar sind."[48] Georg Rybing steht mit seiner Schätzung nicht allein. Auch die Computerwoche meldete in einem Bericht über ein Dokumentenmanagement-System, daß „etwa 75 Prozent der für die Bearbeitung von Vorgängen notwendigen Zeit ... in herkömmlich strukturierten Büros für die Suche nach Informationen verloren gehen."[49] Die Rationalisierungspotentiale sind ergo enorm. Somit verstärkt sich die Forderung nach einem - in Kapitel 3.1

---

[47] FUCHS, JENS / JORDAN, BIRGIT: Nicht mehr einzelne Leistung, sondern Teamarbeit bewerten. In: Computerwoche Nr. 38, 23. September 1994, S. 45

[48] RYBING, GEORG: Das papierlose Büro: Erfolg im zweiten Anlauf?. In: Computerwoche Jubiläumsausgabe, Oktober 1994, S. 478-479

[49] O. V.: Doku-Management arrangiert vernetzte Informationen im Büro. In: Computerwoche Nr. 45, 11. November 1994, S. 17

beschriebenen - intelligenten Hypertextsystem, das den Suchaufwand auch oder gerade innerhalb von Projektteams erheblich reduziert.

Die besondere Forderung nach einer Volltextsuche bei einer elektronischen Konferenz (synchron oder asynchron) vollzieht sich aufgrund des Faktums, daß es im Vergleich zu Routineaufgaben bei Projektabläufen keine unternehmensweite standardisierte Ablage gibt, sondern oftmals alle Partizipanten ihre eigene, selbstverantwortliche Ordnung haben.

Die Vollständigkeit der Dokumentation vollzieht sich anhand der Tatsache, daß die Meetware-Produkte alle Beiträge der Teilnehmer speichern und auch noch nach Projektende abrufen lassen. Alles - relevanten und irrelevante Information - wird dokumentiert. Der Nachteil dieser Technik ist die Gefahr einer Informationsflut.

4.2.1.8 Rückgriff auf historische Diskussionsbeiträge zur Neubewertung / Überarbeitung

Die datenbankähnliche Strukturierung ist einer der größten Vorteile eines Meetwareproduktes gegenüber einer E-Mail-Anwendung. So können beispielsweise bei Lotus Notes die Beiträge hierarchisch geordnet und nach Wichtigkeit sortiert werden. Die dadurch gewonnene Übersichtlichkeit hilft dem Diskussionsteilnehmer bei Auffindung historischer Beiträge zum erneuten Bearbeiten. Ein enormer Nutzeffekt tritt hauptsächlich auf, wenn die Diskussion der Gruppe zum Stillstand gekommen ist und ein Neuansatz an einem Punkt in der Vergangenheit gewünscht wird. Dann ist ein Aufsetzen auf „alten" Beiträgen nützlich, da alle Inputs dokumentiert werden. In die Dokumentation eingeschlossen sind selbst „Haftnotiz-ähnliche" Anmerkungen zu Beiträgen anderer Partizipanten.

All diese Merkmale eröffnen den Teilnehmern Möglichkeiten, die sie bei einer konventionellen Sitzung nicht haben. Dort erfolgt ein Rückgriff auf historische Beiträge anhand von Sitzungsprotokollen, die oftmals aus Gründen des Zeitmangels oder der Irrelevanz einiger Beiträge den Verlauf der Sitzung nur schemenhaft widerspiegeln und dadurch Informationen de facto verloren gehen.

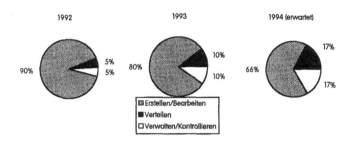

Abbildung 4.2-2: Bedeutungsveränderung beim Dokumentenmanagement[50]

Die in Abbildung 4.2-2 dargestellte Bedeutungszunahme des Verteilens und des Verwaltens / Kontrollierens von Dokumenten während der letzten Jahre unterstützen die Wichtigkeit einer strukturierten und vollständigen Ablage der Beiträge innerhalb eines Projektverlaufs, wobei Meetwareprodukte alle drei genannten Disziplinen beherrschen:

- Erstellen / Bearbeiten durch die Integration eines Textverarbeitungssystems

- Verteilen durch gemeinsamen Zugriff auf die Informationsbasis und Replikationsmechanismen / Fernzugriff per Modem

- Verwalten / Kontrollieren durch die oben beschriebene strukturierte Ablage und die Möglichkeit des „Co-Authoring"[51].

4.2.1.9 Abbau von Expertenmacht

„Macht, die auf Sachkenntnis beruht, wird vermittelt durch die besonderen Kenntnisse eines Experten, wobei wiederum weniger die tatsächlichen als die wahrgenommenen Kenntnisse für die effektive Macht des Experten ausschlaggebend sind. Die Macht des Experten hängt von der Bedeutung ab, die seine Kenntnisse für die Zielperson haben. ... Unter bestimmten Bedingungen ist die Expertenmacht jedoch durch die Übertragung von Kenntnissen oder Fertigkeiten gefährdet."[52]

---

[50] RADEMEIER, EBERHARD: *Das Dokumentenmanagement versagt noch bei der Integration.* In: Computerwoche Nr. 40, 7. Oktober 1994, S. 18

[51] benutzerübergreifende Dokumentenerstellung

[52] Franck, Johannes: *Sozialpsychologie für die Gruppenarbeit.* Tübingen 1976, S. 175

Anhand der vorangegangenen Beschreibung der Expertenmacht läßt sich behaupten, daß es Menschen gibt, die ihre Expertenmacht ausnutzen und damit ihr Wissen gegenüber dem Unwissen ihrer Kollegen ausspielen. Der Experte kann versuchen, sein Wissen intransparent und sich selbst somit unersetzlich zu machen. Diese Verhaltensweise ist von den Unternehmen nicht gewünscht.

Bei der elektronischen Konferenz erhalten alle Teilnehmer durch Studium von Beiträgen anderer die Chance, sich eine problemspezifische, interdisziplinäre Wissensbasis anzueignen. Diese kann beispielsweise dann genutzt werden, wenn ein Partizipant von einem Außenstehenden nach dem Projektverlauf gefragt wird und Zusammenhänge erklärt werden müssen. Das Projektmitglied stellt in diesem Fall das Wissen der Gruppe - wenn auch in abgeschwächter Form - nach außen dar. So wird das Image der Gruppe auch von der Selbstdarstellung des Einzelnen gegenüber anderen Gruppen geprägt.

Dennoch ist eine vollständige Eliminierung der Expertenmacht nicht gewünscht. Wenn der Experte sich nicht mehr als ein solcher fühlt, kann es zur Resignation und Demotivation kommen. Somit kann der gewünschte Nutzeffekt des Einsatzes einer elektronischen Konferenz nur lauten: *Verringerung* der Expertenmacht.

4.2.2 Nutzeffekte Kategorie 2

„Elektronische Sitzungsunterstützungssoftware kann einen drastischen Effekt auf die Sitzungsergebnisse haben. Neben der Zeitersparnis und der zunehmenden Teilnahme haben Software-unterstützte Sitzungen andere wichtige Vorteile gegenüber traditionellen Sitzungen. ... Nicht zu vergessen ist, daß elektronische Sitzungsunterstützung kein Ersatz ist für eine effektive Leitung in der Gruppenarbeit. Welche Werkzeuge von der Software auch immer angeboten werden - wie Ideenkonsolidierung, Agendaerstellung und alternatives Ranking -, sie helfen alle den [Arbeits-] Prozeß zu optimieren, organisieren und formalisieren, den die meisten Gruppen sowieso bereits in ihren Sitzungen verwenden. Der Gewinn dabei kann höher sein als der Aufwand."[53]

---

[53] vgl. Kranz, Mary Ellen / Sessa, Valerie I.: *Meeting Makeovers.* In: PC Magazine, 14. Juni 1994, S. 207

In diesem Kapitel sollen die Nutzeffekte aufgezeigt werden, die nur bei synchronen Konferenzen (gleiche Zeit, gleicher Ort) auftreten. Sie werden abgeleitet aus den Untersuchungen des Institutes für Wirtschaftsinformatik an der Universität Hohenheim (Stuttgart), da sich hier das einzige Versuchsumfeld für eine solche Software in Deutschland befindet. Die Untersuchungen sind nach Aussagen der Autoren noch nicht abgeschlossen. Sowohl bei der Durchführung der Sitzung als auch bei der Einrichtung des Sitzungsraums bedarf es noch einiger Optimierung. Auch die Software sollte noch weiter ausreifen. Dennoch muß dieser Kategorie der elektronischen Konferenz eine besondere Beachtung geschenkt werden, da sie vielleicht die Sitzungszukunft der Unternehmen mitbestimmen kann.

4.2.2.1 Höhere Qualität der Sitzungsergebnisse

Wie bereits in den Vorbemerkungen zu diesem Kapitel dargestellt, sind viele Manager mit der Qualität der Entscheidungsvorlagen nicht zufrieden. Diese Entscheidungsvorlagen sind häufig Produkt einer zeitintensiven Ausarbeitungsphase, die nicht selten im Rahmen von Projektteams erstellt wurden.

Der Frage, ob sich die Qualität der Ergebnisse durch elektronische, synchrone Konferenzen verbessern kann, nahmen sich Karin Gräslund et. al. bei ihrer Auswertung empirischer Untersuchungsergebnisse von computerunterstützter Gruppenarbeit an. Sie werteten bei dem Punkt der Ergebnisqualität 18 internationale Studien aus. Die Aufstellung gestaltete sich wie folgt [54]:

Ergebnis	Anzahl Studien	Gesamt
Qualität erhöht	12	66,7 %
Qualität verringert	1	5,6 %
Kein Unterschied zu konventionellen Sitzungen	5	27,8 %
Total	18	100 %

---

[54] GRÄSLUND, K./LEWE, H./KRCMAR, H.: *Neue Ergebnisse der empirischen Forschung auf dem Gebiet der computerunterstützten Gruppenarbeit - Group Support Systems (GSS).* A. a. O., S. 21

Eine Verbesserung der Qualität einer Sitzung / eines Projektes durch Einsatz eines Meetware-Produkts als Nutzeffekt ist somit nicht garantiert, dennoch wahrscheinlich. Eine interessante Entdeckung bei dem Vergleich der Studien wurde in zwei Untersuchungen der Queens University in Ontario / Kanada gemacht. Dort hat R. B. Gallupe versucht zu ermitteln, „inwieweit sich die höhere Leistung der Gruppenarbeit gegenüber der durchschnittlichen Individuallösung von Aufgaben aus den Beiträgen der fähigsten Teilnehmer erklärt. Es zeigte sich, daß der Qualitätsgrad der Gruppenlösung unter manuellen Arbeitsbedingungen mit der Qualität des fähigsten Mitgliedes übereinstimmte, während er unter der automatisierten Arbeitsbedingung [Einsatz von Meetware] den Qualitätsgrad der Lösung des 'besten' Mitgliedes nicht erreichte."[55] Insofern gibt es bei der Gestaltung der Software, die an der o. g. Universität eingesetzt wird, oder bei der Durchführungsmethodik der Sitzung ein Verbesserungspotential, da es kein Unternehmen geben wird, das ein Programm einsetzt, welches die Ergebnisqualität verschlechtert.

4.2.2.2 Quantitative Verbesserung der erarbeiteten Lösungsvorschläge

Ziel jeder Methode zur Stimulation der Kreativität ist die Maximierung der

- Ideenmenge

- Ideenvielfalt

Beide tragen dazu bei, daß die Problematik von diversen Seiten betrachtet und eine möglichst optimale Lösung gefunden wird. Eine Erhöhung von nur einem der zwei Aspekte würde die beste Lösung wahrscheinlich nicht treffen, da sowohl viele gleiche/ähnliche Ideen als auch wenige völlig verschiedene Ideen eine geringe Teilmenge der möglichen Lösungen darstellen. Da sich, wie auch im Abschnitt 4.2.1.2 beschrieben, die Kreativität durch den Einsatz einer elektronischen Konferenz stimulieren läßt, ist die Wahrscheinlichkeit auch höher, daß durch die Erhöhung der Ideenvielfalt auch eine Vermehrung von originellen Lösungsansätzen vorhanden ist. Originalität ist zusammengesetzt aus Seltenheit, Ausgefallenheit

---

[55] GRÄSLUND, K./LEWE, H./KRCMAR, H.: *Neue Ergebnisse der empirischen Forschung auf dem Gebiet der computerunterstützten Gruppenarbeit - Group Support Systems (GSS)*. A. a. O., S. 21

und Ungewöhnlichkeit[56]. Diese Eigenschaften einer Idee sind für den Projektverlauf oftmals sehr nützlich, da es nur so zu wirklich neuen Vorgehensweisen kommen kann.

Durch den Einsatz der elektronischen Konferenzen der Kategorie 2 wurde eine Zunahme bei

- Ideenmenge (nach Zahl der Äußerungen mit Ideen)

- Ideenmenge (nach Teilnehmerurteil)

- Ideenvielfalt

in den Studien des oben genannten Instituts[57] nachgewiesen.

Besonders interessant hierbei scheint das Ergebnis der Ideenmenge nach Teilnehmerurteil und Ideenvielfalt. Hier ist der Nutzeffekt bei Gruppen von 12 Personen signifikant größer als bei Teams von 6 Personen[58], was der allgemeinen Meinung widerspricht, daß pro Sitzung nicht mehr als vier bis neun Partizipanten zusammenkommen sollten.

4.2.2.3 Zeitvorteile

Auch bei elektronisch gestützten Sitzungen (Kategorie 2) wird der Wettbewerbsfaktor Zeit - wie auch in Abschnitt 4.2.1.3 für die Kategorie 1 dargestellt -signifikant berücksichtigt. So ermittelt Henrik Lewe bei der Auswertung der Umfrageergebnisse aus dem Einsatz des Softwareproduktes „GroupSystems" an der Universität Hohenheim (Stuttgart), daß bei der Aussage „Sitzungen [mit GroupSystems] waren schneller, als zu erwarten war" die meisten (bei Gruppen mit sechs Teilnehmern) bzw. die zweitmeisten Partizipanten (Team mit zwölf Mitgliedern) zustimmten.[59] Damit sind auch hier die Beteiligten der (subjektiven) Meinung, daß der Computer die Dauer ihrer Sitzung positiv beeinflußt hat. Subjektiv insofern, als daß es keinen

---

[56] vgl. DELHEES, KARL H.: *Soziale Kommunikation: Psychologische Grundlagen für das Miteinander in der modernen Gesellschaft.* A. a. O., S. 377

[57] LEWE, HENRIK: *Der Einfluß der Teamgröße und Computerunterstützung auf Sitzungen.* A. a. O., S. 8

[58] vgl. hierzu Abschnitt 4.1.1 (Optimale Teilnehmerzahl) dieser Arbeit.

[59] LEWE, HENRIK: *Der Einfluß der Teamgröße und Computerunterstützung auf Sitzungen.* A. a. O., S. 8

genauen Vergleich zwischen konventioneller und computergestützter Sitzung geben kann, weil nicht dieselbe Gruppe den gleichen Sitzungsverlauf analog erleben kann. Dennoch ist diesen Aussagen eine besondere Beachtung zuzumessen.

4.2.2.4 Abbau von Kommunikationsbarrieren und Integration von kommunikativ gehemmten Mitarbeitern

„Jeder hat wohl schon in einer Gremiensitzung die Erfahrung gemacht, daß die Arbeit nur schleppend vorangeht, weil die Beiträge der Teilnehmer sehr vage und ungenau gehalten sind oder weil sich einige bei einem Nebenthema verbissen um Details streiten. Die Kommunikation ist erschwert, weil jeder darauf bedacht ist, unter dem Deckmantel der Unverbindlichkeit die eigene Unsicherheit zu verbergen. Das gleiche Symptom Unsicherheit läßt sich nach einem Vortrag registrieren, wenn etwa die angekündigte Diskussion in eine Debatte ausufert, die nicht der Meinungsbildung dient, sondern den Gesprächspartner auf Distanz halten möchte."[60] Diese kommunikationshemmende Unsicherheit einzelner Partizipanten kann verschiedene Ursachen haben:

- in der Sitzung sind verschiedene Hierachie-Ebenen vertreten

- dominante Mitglieder unterdrücken rezessive Teilnehmer

- unsicherer Partizipant ist aufgrund seiner Vorbildung nicht geeignet für das Team

Die beiden ersten Punkte beruhen auf der Tatsache, daß Dominanzen in der Gruppe einen optimalen Verlauf der Sitzung verhindern. Dies geschieht durch direkte oder indirekte[61] Unterdrückung. Ziel sollte es somit sein, die Unsicherheiten soweit zu beseitigen, daß ein effektiver und effizienter Projektverlauf gewährleistet ist.

„Die zugrundeliegende Überlegung ist, daß Besprechung, bei denen sich die Teilnehmer gegenübersitzen, die Tendenz haben, von Personen statt Ideen dominiert zu werden. Da Leute, die Besprechungen ansetzen, jedoch vermutlich in erster Li-

---

[60] FRANCK, JOHANNES: Sozialpsychologie für die Gruppenarbeit. A. a. O., S. 77-79

[61] Allein durch die Tatsache, daß der Vorgesetzte anwesend ist, sind einige Mitarbeiter derartig gehemmt, einen Input in das Team zu geben, daß sie eine Passivität vorziehen.

nie an Ideen interessiert sind, sollte ein Zurückdrängen des personalen Faktors mittels strukturierter Interaktionen über ein Computer-Netzwerk zu einem schnelleren und produktiveren Ergebnis führen. Die Angaben bewegen sich zwischen einer vorsichtig geschätzten 30 prozentigen Reduzierung der Besprechungszeit und Verbesserungen der Gesamtproduktivität von 50 bis 80 %."[62]

Ob sich die genannten Werte der Anbieter in der Praxis nur aufgrund des Dominanzabbaus realisieren lassen, ist eher fraglich.

Es ließ sich jedoch in den Stuttgarter Versuchen nachweisen[63], daß durch den Einsatz des dort erprobten Programms „GroupSystems"

- eine erforderliche und nützliche Anonymität - speziell bei Ideenaustausch und Abstimmung - erzeugt wurde

- die Partizipation *aller* Teilnehmer sehr hoch war

Die Teilnehmer betonten explizit, daß die Anonymität dann sinnvoll ist, wenn sich Vorgesetzte und Untergebene in einer Sitzung befinden.

5. Psychologische und kommunikationswissenschaftliche Kritik

„Das eigentliche Zukunftspotential unserer Gesellschaft sind nicht Computer und Roboter, sondern Kultur und Kreativität."[64] Mit diesem Zitat von Lothar Späth könnte man die Aussagen der Experten überschreiben, die sich mit der Technikfolgenabschätzung der Groupware und einer menschengerechten elektronischen Gruppenunterstützung beschäftigen. So gibt es „komplexe Wechselwirkungen zwischen Groupware als Technik und Einsatzkontexten, die teilweise nicht beachtet oder falsch eingeschätzt werden, teilweise noch gar nicht bekannt sind. Es ist hier genauer zu fragen, welche Annahmen über Menschen, Aufgaben und Or-

---

[62] vgl. STEVENSON, TED: *Groupware: Are We Ready?*. In: PC Magazine, 15. Juni 1993, S. 268

[63] vgl. LEWE, HENRIK / KRCMAR HELMUT: *Computer Aided Team mit GroupSystems: Erfahrungen aus dem praktischen Einsatz*. In: KRCMAR, H.: Arbeitspapiere vom Lehrstuhl für Wirtschaftsinformatik der Universität Hohenheim, Nr. 34, Januar 1993, S. 10   und   LEWE, HENRIK: *Der Einfluß der Teamgröße und Computerunterstützung auf Sitzungen.* A. a. O., S. 8

[64] Lothar Späth, ehemaliger Ministerpräsident von Baden-Württemberg auf einem Kongreß der Kommunalpolitischen Vereinigung der CDU und CSU in Frankfurt, 1989.

---

ganisationen der bisherigen Groupware-Entwicklung zugrunde liegen und sie hinsichtlich ihrer Angemessenheit zu bewerten, sowie nach Wissenslücken und unbeabsichtigten Nebenwirkungen Ausschau zu halten."[65] So sollen in diesem Kapitel die Nebenwirkungen aufgeführt werden, die durch den Einsatz von elektronischen Konferenzen - speziell der Kategorie 1 - entstehen. Für die Kategorie 2 gibt es derzeit keine veröffentlichten Untersuchungen, da sich diese Software - wie schon mehrmals erwähnt - noch im Stadium der Laborversuche befindet.

Bei der Kritik wird generell davon ausgegangen, daß die elektronische Konferenz der Kategorie 1 die reell ablaufenden Sitzungen ganz oder zum Großteil ablöst. Ein solcher Ansatz ist insofern realistisch, weil nur dann die den Nutzen ausmachenden Nutzungseffekte zum Tragen kommen. Würde man die Meetware einsetzen und trotzdem die gleiche Sitzungshäufigkeit/ -dauer haben, wird sich der Einsatz nicht rentieren. Dennoch wird die zwischenmenschliche Kommunikation wahrscheinlich nie abgeschafft werden.

5.1 Beschneidung des Zusammenspiels der Kommunikationsarten

In Kapitel 2.2 wurden die verschiedenen Arten der Kommunikation dargestellt. Dabei fiel auf, daß ein Großteil der Kommunikation nonverbal abläuft, was bedeutet, daß die Aussage beispielsweise erst durch die Gestik eine individuelle Wirkung erhält. Die Unterstützung des Gesagten durch eine dementsprechende Handbewegung wird in den Rhetorik-Seminaren gelehrt, um dem „zuhörenden Zuschauer" die Aufnahme der Information zu erleichtern.

Wird die „Face-to-face" oder die „Ear-to-Ear"[66]-Kommunikation durch eine reine textliche Kommunikation substituiert, verändert sich die Verständigungsstruktur. Dabei entfällt die nonverbale Kommunikation und die Unterstützung der Rede, die durch Gestik, Mimik etc. erreicht wurde. Sie muß nun durch eine erweiterte Schrift-

---

[65] OBERQUELLE, HORST: *CSCW- und Groupware-Kritik.* In: OBERQUELLE, HORST (Hrsg.): *Kooperative Arbeit und Computerunterstützung.* Reihe „Arbeit und Technik: praxisorientierte Beiträge aus Psychologie und Informatik", Band 1, Stuttgart 1991, S. 39

[66] telefonischer Kotakt ist zwar nicht so kommunikativ vielfältig wie eine Face-to-face Kommunikation, beinhaltet jedoch trotzdem einige nonverbale Verständigungsmethoden (Prosodik, Paralinguistik).

form ersetzt werden. Somit werden die Texte nicht nur einen reinen sachlichen Inhalt haben, sondern neben den Fakten eventuell auch noch die Gefühlsebenen der Kommunikationspartner beinhalten. Möglich sind Ansätze wie „Ich befürchte, daß...", „Ich stimme da XY zu, weil...", „Sind Sie sich sicher, wenn Sie schreiben, daß..." oder „Ich halte es für nicht sinnvoll, wenn wir...". Solche Formulierungen vermehren zunächst nur die Datenmenge und führen aber letztendlich zu einer signifikanten Mehrbelastung der Partizipanten. Es wird auch bei einer erweiterten Umschreibung schwierig und aufwendig bleiben, eine Sinndoppelung im Gesprochenen mit gleicher Wirkung in eine reine Schriftform umzusetzen. Als Beispiel sei hier das gleichzeitige Kopfschütteln mit einer horizontalen Handbewegung bei dem Wort „nein" genannt.

Thomas Herrmann weist darauf hin, daß „man bestimmte Handlungen nur durch Sprechen vollziehen kann, z. B. eine Warnung, ein Versprechen, eine Entschuldigung etc.. Sprachliche Äußerungen, die solche Sprechakte realisieren, sind nach zwei Gesichtspunkten zu betrachten. Die Äußerung: 'Ich warne Dich, der Hund ist bissig!' hat eine inhaltliche Seite ('Der Hund ist bissig') und eine pragmatische ('Ich warne Dich'). Letztere ist kennzeichnend für den Typ des Sprechaktes. ... Die theoretische Beschäftigung mit Sprechakten hat noch einige Probleme zu lösen. Eine Übertragung auf die Gestaltung kooperationsunterstützender Systeme ist derzeit unangemessen, denn

- es ist unklar, welche Effekte entstehen, wenn die gesprochenen Sprechakte in 'Schriftakte' übertragen werden.

- das Gelingen eines Sprechaktes erfordert die Realisierung zum Teil noch ungeklärter Bedingungen.

- die Menge möglicher Sprechakte ist weder ausreichend erfaßt, noch in evidenter Weise systematisiert, da es in natürlicher Kommunikation unüblich ist, Sprechakte explizit zu deklarieren. ....."[67]

Anhand von Aussagen wie dieser läßt sich erkennen, wie schwierig es ist, eine Kommunikationssoftware zu entwickeln, die die gesamten Ausprägungen der

---

[67] HERRMANN, THOMAS: *Die Bedeutung menschlicher Kommunikation für die Kooperation und für die Gestaltung computerunterstützter Gruppenarbeit.* A. a. O., S. 69-70

menschlichen Kommunikation impliziert. Zwei Möglichkeiten zur annähernden Lösung sind :

- Textbeiträge mit multimedialen Dateianhängen (Sprach- und/oder Bildmodule sowie Videosequenzen)

- Videokonferenzen mit Zwischenspeicherung zur Erhaltung der asynchronen Durchführung

Sie erhalten einige der nonverbalen Kommunikationstechniken, scheitern jedoch momentan noch an der Speicherintensität solcher Anwendungen, so daß ein weiträumiger Einsatz nicht gewährleistet ist.

5.2 Reduzierung der Kommunikationsinhalte

Um den Kommunikationsablauf zu beschleunigen, bieten einige Meetwareprodukte die Einrichtung von „Kommunikationsformularen", die es möglich machen, wiederkehrende Kommunikationshandlungen systematisch zu operationalisieren. Die Problematik liegt jedoch in dem Faktum, daß es schwer möglich ist, Kommunikation zu formalisieren und in eine technologisierte Struktur zu pressen. Sollte es dennoch geschehen, wird dies zu einem Inhaltsverlust führen, da die Informationen fehlen, die nicht in das formalisierte Schema passen. Explizit erwähnt sei auch in diesem Zusammenhang nochmals der Wegfall der Beziehungsebene.

Wenn die Diskussionspartizipanten gezwungen werden, sich innerhalb der Meetware auf Sachverhalte zu konzentrieren, wird dabei der Aspekt der Beziehungen, die die Personen untereinander haben, vernachlässigt. „Wir kommunizieren in der Sache, und zugleich stellen wir Beziehungen her und äußern uns auch darüber, wie wir unsere Kommunikationspartner erleben. ... Beziehungsaussagen in der Bewältigung von Sachfragen sind entscheidend für Kommunikationskultur, Betriebsklima, Motivation von Beschäftigten, Effizienz, Einbettung in betriebsübergreifende Zusammenhänge, Arbeitszufriedenheit oder -unzufriedenheit. Sie sind das unbekannte Wesen hinter den Dingen, das, was die Dinge am Laufen hält oder sich als Sand im Getriebe erweist. Wenn heute Supervision oder Kommunikationstraining Hochkonjunktur haben, dann trägt dies genau dieser Tatsache Rechnung."[68]

Die Folge daraus kann ein „computerbezogenes Handeln" sein. So beinhaltet dies „im wesentlichen Gefährdungspotentiale für die Persönlichkeitsentwicklung: Den Anforderungsstrukturen computerbezogenen Handels entspricht auf seiten der Persönlichkeit eine Struktur von Handlungskompetenzen, in der sprachliche, interaktive, moralische und emotionale Handlungskompetenzen zurückbleiben, während dem Computer angepaßte, formal-kognitive Handlungskompetenzen aufgebaut werden. Inwiefern jedoch generell soziale Handlungskompetenzen bzw. deren Aufbau gefährdet sind, hängt vom relativen Verhältnis von direkter sozialer Kommunikation und sozialen Beziehungen und computerbezogenem Handeln ab. Je stärker computerbezogenes Handeln die soziale Interaktion dominiert, desto eher und häufiger werden oben beschriebene Gefährdungspotentiale zu beobachten sein."[69]

Möglicherweise ist die Schlußfolgerung, daß der Einsatz einer strukturierten Kommunikation im Rahmen einer elektronischen Konferenz zu einem computerbezogenen Handeln führt, übertrieben, weil es nie zu einer kompletten Ablösung der zwischenmenschlichen Kommunikation kommen wird. Aber vielleicht ist diese formalisierte Meetware ein bedeutender Schritt in die soziale Handlungsunfähigkeit.

5.3 Eingriff in räumliche Beziehungen

Meetware der Kategorie 1 wird, wie bereits dargestellt, eingesetzt, um räumliche und zeitliche Distanzen zu überwinden. Mit der Zeit- und Ortsunabhängigkeit der Anwendung werden bestehende Kommunikationshemmnisse abgebaut. Dennoch bürgt eine Errichtung von „virtuellen Büroräumen" auch Gefahren in sich. Da jeder Teilnehmer sein Wissen in der Diskussion zur Verfügung stellen soll / sollte, bleibt ihm keine Möglichkeit, sich *nur* in *seinem* Büro aufzuhalten, wo *seine* Unter-

[68] METTLER -VON MEIBOM, BARBARA: Computer können menschliche Kommunikation nicht ersetzen. In: Computerwoche Jubiläumsausgabe, Oktober 1994, S. 502

[69] FAMULLA, G.-E. / GUT, P. / MÖHLE, V. / SCHUMACHER, M. / WITTHAUS, U.: *Persönlichkeit und Computer.* Opladen 1992, S. 105-106

lagen sind. Er hat auch keine Möglichkeit, sein Wissen vor ungebetenen Lesern des Projektteams zu schützen. Problematisch wird es, wenn sowohl der Linienvorgesetzte als auch sein Mitarbeiter im Projektteam mitwirken. So schreibt Horst Oberquelle: „Ein weiterer sozialer Aspekt, der mit räumlicher Nähe und Einsatz von Medien zu tun hat, ist die Frage nach Autonomie und Kontrolle. Räumliche Trennung erlaubt die unbeobachtete, eigenverantwortliche Nutzung von Handlungsspielräumen, permanente räumliche Anwesenheit eines anderen, beispielsweise eines Vorgesetzten, schränkt Autonomie ein. ... Ohne geeignete Regelungen über den Zutritt zu diesen neuen 'Räumen' und den Zugang zu 'elektronischen Materialien' sind unbeabsichtigte Wirkungen zu erwarten."[70] Eine der Wirkungen ist das nicht kontrollierbare Weitererarbeiten von Diskussionsbeiträgen zum Nachteil des Beitragsautoren. Der Autor hat keine oder nur eine geringe Chance zu überwachen, wer seine Beteiligung an der Diskussion zu lesen bekommt. Noch viel weniger läßt sich die Weiterverarbeitung eines ausgedruckten Beitrags kontrollieren. Die vollständige Dokumentation der relevanten und irrelevanten Beiträge macht den Mitarbeiter gläsern[71], der sich an der elektronischen Konferenz beteiligt, so daß die Qualität seiner Diskussionsbeiträge jetzt besser durch Vorgesetzte zu kontrollieren ist.

Aus diesen Gründen bedarf es einer sensiblen Kontrolle der Zugriffsberechtigungen sowie der Verwendung von Informationen außerhalb des Projektteams. Dies gilt insbesondere in bezug auf §§ 4, 5, 9 und 28 Bundesdatenschutzgesetz (BDSG), da sich die Nutzung dieser personenbezogenen Daten nicht vollständig reglementieren und überwachen läßt.

Es besteht in der Wissenschaft, so Oberquelle, noch ein enormer Nachholbedarf zur Untersuchung der Bedeutung des „Raums" für die kooperative Arbeit.

---

[70] OBERQUELLE, HORST: *CSCW- und Groupware-Kritik*. A. a. O., S. 51

[71] Diese Transparenz ist bei herkömmlichen Sitzungen nicht vorhanden, da es in der Regel keinen wortwörtlichen Mitschnitt der Diskussionsbeiträge gibt und sich somit nur nichtdokumentierte Zitate anderer Partizipanten weitergeben lassen.

6. Betriebswirtschaftliche Beurteilung

„Vor einem Einsatz neuer Technologien stellen sich viele Unternehmen die Frage, ob sich der Aufwand wirklich lohnt. Die Einführung eines Groupware-Produkts kann nur erfolgreich sein, wenn die Wirtschaftlichkeit der Lösung die großen Ausgaben für den möglichen Umstrukturierungsprozeß, die Implementierung und die technische Ausstattung rechtfertigt. Bei der Ermittlung der Wirtschaftlichkeit als Kennzahl zur Beurteilung der Effizienz treten in der Regel erhebliche Probleme auf, da konkrete Bedingungen der Einsatzsituation nicht bekannt sind. Der Einsatz erfolgt nach qualitativen und quantitativen Zielsetzungen. Dies läßt eine Bewertung über klassische Wirtschaftlichkeitsrechnungen, die nur quantifizierbare Größen wie z. B. Kosten und Einsparungen betrachten, nicht zu.

Neben kurzfristigen Vorteilen wie z. B. Verkürzung von Entscheidungsprozessen, existieren die eher mittel- bzw. langfristig wirkenden qualitativen Potentiale des Groupware-Einsatzes... Dabei ist nicht die Einsparung menschlicher Arbeitskraft das primäre Ziel, sondern die Unterstützung der Zusammenarbeit."[72]

Viele Unternehmen stehen bei der Einführung von Groupware-Produkten vor der hier beschriebenen Problematik einer Wirtschaftlichkeitsrechnung. So sind die Kosten eines Einsatzes auch schlecht zu schätzen. Eine Faustformel für die Kosten[73] lautet: „Für jeden Dollar, der für die Software ausgegeben wird, kommen nochmals fünf Dollar für Installation oder organisatorische Veränderungen."[74]

So wie hier wird immer wieder auf das Zusammenspiel von Organisation, Umfeld und Hersteller hingewiesen. T. Austin schreibt: „Ohne die richtige Organisation, der Beachtung von Bedienerfreundlichkeit und Verbesserung der Technologie wird das Return on Investment mit der Zeit abfallen."[75] Im folgenden sollen diese drei

---

[72] Jordan, Birgit: *Alle Mitarbeiter müssen an einem Strang ziehen.* In: PC Magazin Nr. 31, 27. Juli 1994, S. 33

[73] Ein derartige Regel für den Nutzen zu erstellen, ist nahezu unmöglich.

[74] o. V.: *Auch Groupware macht aus einem Politbüro kein Diskussionsforum.* In: Computerwoche Nr. 22, 28. Mai 1993, S. 16

[75] vgl. Austin, T.: *Groupware Cuts Electronic-Mail Information Overload.* In: Office Information Systems. Gartner Group Research Note SPA-140-1313, 16. September 1994, S. 1

Schlüsselfunktionen veranschaulicht werden, die den Nutzen der Groupware, speziell der elektronischen Konferenz, signifikant beeinflussen. Denn auch Andreas Hunziker beantwortet die Frage, ob Groupware eine technische Spielerei oder ein strategischer Erfolgsfaktor ist, mit: „Es kommt drauf an. Der Schlüssel liegt nicht bei der Technik, sondern bei den Unternehmen, die diese Systeme einführen."[76]

6.1 Schlüsselfunktion „Einsatzumfeld"

Elektronische Konferenzen sind in ihrem Nutzen sehr stark davon abhängig, wo sie eingesetzt werden. Es ist zum einen die geographische Lage: Wenn die Arbeitsgruppe sich bereits in einem Großraumbüro befindet, ist der Nutzen weitaus niedriger als bei einem Team, das über den gesamten Globus verstreut ist. Ein noch viel entscheidenderes Einsatzumfeld ist die organisatorische Umgebung, wie die Abbildung 6.1-1 beweist. So ist die unternehmesübergreifende Einführung die Entscheidung mit dem größten Kosten/Nutzen-Effekt. Einsatzgebiete für eine solche organisatorische Eingliederung sind beispielsweise:

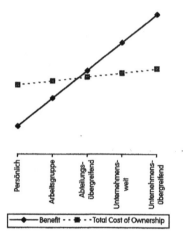

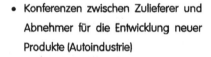
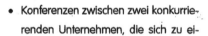

- Konferenzen zwischen Zulieferer und Abnehmer für die Entwicklung neuer Produkte (Autoindustrie)

Abbildung 6.1-1: Nutzenverlauf nach organisatorischer Eingliederung[77]

- Konferenzen zwischen zwei konkurrierenden Unternehmen, die sich zu ei-

---

[76] HUNZIKER, ANDREAS: *Groupware: Technische Spielerei oder strategischer Erfolgsfaktor?.* In: Office Management, Oktober 1993, S. 55

[77] vgl. GARTNER GROUP: *Process Re-Engineering and Groupware.* In: Conference Presentation of Gartner Group Annual Symposium on the Future of the Information Technology Industry, 7-10 November 1994 in Cannes, France, Day 3, S. 5

---

nem Joint Venture zusammengeschlossen haben

- Konferenzen zwischen Experten, die sich über unternehmensübergreifende Lösungsansätze austauschen

Die Gefahren einer solchen Vorgehensweise liegen in der Möglichkeit, daß Unternehmensgeheimnisse über diese Schnittstelle an Mitbewerber weitergeleitet werden. Dennoch sind die Vorteile weitaus größer als die Gefahren, da in dem zunehmend starken Wettbewerb der Anbieter immer häufiger zu Joint Ventures kommen wird, um Kosten zu sparen und einen Wettbewerbsvorteil herauszuarbeiten.[78]

6.2 Schlüsselfunktion „Organisatorische Veränderungen"

„Eine Investition in die Groupware-Technologie ohne parallele organisatorische Änderungen bei den Benutzern und den Informationssystemen wird den Nutzen limitieren."[79] Hierbei wird auf den Fehler aufmerksam gemacht, daß viele Unternehmen versuchen, Groupware über die existierende, alte Organisationsstruktur zu legen. Dabei wird versucht, die gewohnten Arbeitsabläufe in die Software zu pressen. „Immer wieder zeigt sich aber, daß vor allem organisatorische Maßnahmen ein großes Nutzenpotential eröffnen."[80] Und so kann es auch vorkommen, daß ein „Business Process Re-Engineering (BPR)" der Gruppenarbeit[81] mehr nutzt als der Einsatz einer gruppenunterstützenden Software. Die Software versucht nur die Wirkung zu optimieren, während das BPR die Ursachen einer ineffektiven Zusammenarbeit bekämpft (oder dieses zumindest versucht). Es ist nicht verwunderlich, daß es jungen Unternehmen nicht so schwerfällt, neue Technologien einzuführen wie Unternehmen mit einer langen Tradition. „Wenn eine Organisation wie ein Politbüro aufgebaut ist, werden die Mitarbeiter nicht plötzlich offen

---

[78] Daimler Benz und BMW entwickeln beispielsweise gemeinsam Motoren, um Entwicklungskosten zu sparen.

[79] vgl. GARTNER GROUP: *Process Re-Engineering and Groupware.* A. a. O., S. 11

[80] HUNZIKER, A.: *Groupware: Technische Spielerei oder strategischer Erfolgsfaktor?.* A. a. O., S. 51

[81] inclusive einer Überprüfung der **Kommunikations**prozesse.

---

diskutieren und zusammenarbeiten, nur weil sie Groupware einsetzen."[82] Insofern sollte die Einführung von Groupware, speziell von Meetware, die Umsetzung des BPR begleiten oder vervollständigen, jedoch nicht ersetzen.

6.3 Schlüsselfunktion „Herstellerauswahl"

Bei der Auswahl des Anbieters einer elektronischen Konferenz muß genau darauf geachtet werden, welche Lösung für das Unternehmen wirklich die richtige ist. So gibt es Allround-Anbieter wie beispielsweise Lotus mit dem Produkt Notes, das sich nicht nur für elektronische Konferenzen, sondern auch für Workflow-Management, E-Mail und andere

Abbildung 6.3-1: Abhängigkeit von Funktionalität und Risiko[83]

Groupware-Kategorien eignet. Auf der anderen Seite gibt es Anbieter wie „The Mesa Group" mit ihrem Produkt „Conference+", das die Gartner Group in die „Best-of-class"-Kategorie[84] einordnet. „Conference+" eignet sich ausschließlich für elektronische Konferenzen und wäre ein möglicher Bestandteil einer modularen Groupwareumgebung. Es baut auf einer bestehenden Infrastruktur auf (Nutzung des Microsoft Mail Application Programming Interface (MAPI)) und läßt sich somit leicht implementierten. Der Nachteil eines solchen „Best-of-class"-Produkts ist die Tatsache, daß die Produkte eine geringe Lebensdauer haben, weil ständig ein neues, kostenintensives Release auf den Markt kommt, um den Vorsprung gegenüber anderen Produkten zu halten.

---

[82] o. V.: *Auch Groupware macht aus einem Politbüro kein Diskussionsforum.* A. a. O., S. 15

[83] vgl. AUSTIN, T.: *Work Group Vendors: Common Visions, Devergent Focuses.* In: Office Information Systems, Gartner Group Research Note SPA-140-1332, 9. November 1994, S.2

[84] vgl. AUSTIN, T.: *Conference+ Groupware: Graceful Integration.* In: Office Information Systems, Gartner Group Research Note P-140-1303, 8. August 1994, S. 1

Dennoch kann es sich lohnen, ein sehr viel kostenintensiveres Produkt mit einem höheren Einsatzrisiko auf den Markt zu bringen, um dessen außergewöhnliche Fähigkeiten zu nutzen (vgl. hierzu Abbildung 6.3-1): „Studien über die Produktivität von Benutzern zeigen eine Zeitersparnis des Faktors 5 zwischen „Best-of-class"- und „Worst-of-class"-Konferenzprodukten."[85] Der Faktor 5 ist fragwürdig, da dies bedeuten würde, daß wenn ein „Worst-of-class"-Produkten eine Zeitersparnis von 20 % verspricht, das „Best-of-class"-Produkt 100 % Zeiteinsparung einbringen würde! Eine Formulierung, die eine *enorme* Erhöhung der Zeitersparnis durch den Einsatz eines „Best-of-class"-Produkt prognostiziert, ist zutreffender.

Die Unternehmen scheuen sich jedoch oftmals, ein innovatives Produkt einzusetzen. Grund dafür sind die höheren Kosten gegenüber dem Anbieter, von dem sie häufig bereits eine Office-Komplettlösung erworben haben. So sind beispielsweise die Microsoft-Produkte nicht die innovativsten[86], setzen aber aufgrund des hohen Verbreitungsgrades einen Standard.

7. Fazit

Die Einsatzmöglichkeiten und die daraus resultierenden Nutzeffekte einer elektronischen Konferenz sind enorm; jedoch nur dann, wenn sie wirklich realisiert werden. Denn: Elektronische Konferenzen sind - wie alle Groupwareprodukte - passiv. Wenn der Anwender sie nicht benutzt, geschieht auch nichts. Wenn es nicht gelingt, den Benutzer von den Vorteilen zu überzeugen, die ihm durch die Benutzung dieser Software entstehen, wird der Einsatz zum Flop. Gerade konservative, der Technik kritisch gegenüberstehende Mitarbeiter können - es sei hier nochmals erwähnt - die Wirtschaftlichkeit eines Meetware-Einsatzes zum Kippen bringen.

Aber auch die Folgen für die Unternehmenskultur, die zum Teil durch die Art des Kommunizierens geprägt wird, sind nicht genau abzuschätzen. Wenn den Mitar-

---

[85] AUSTIN, T.: *Groupware Cuts Electronic-Mail Information Overload.* A. a. O., S.1

[86] Microsoft kommt erst 1995 mit einem Groupwareprodukt namens „Exchange" auf den Markt. Hauptkonkurrent Lotus kann aber bereits mit einer jahrelangen Erfahrung aufwarten. Einen Vergleich zwischen „Exchange" und „Notes" tätigt: WAGNER, MICHAEL: *Microsoft Exchange gegen Lotus Notes: Ein technischer Vergleich der wichtigsten Groupware-Systeme.* In: Computerwoche Nr. 11, 17. März 1995, S. 19-20

beitern nicht mehr die Chance gegeben wird, sich in realen, konventionellen Sitzungen auszutauschen, wird die projektweite und unternehmensinterne Kommunikation möglicherweise verelenden. Insofern können einige Schlußfolgerungen aus den Erkenntnissen sein:

- Elektronische Konferenzen können einen Sitzungsprozeß partiell unterstützen, nicht ersetzen.

- Elektronische Konferenzen sollten nur dann eingesetzt werden, wenn die betroffenen Sitzungspartizipanten dem Einsatz zustimmen.[87]

- Elektronische Konferenzen können dann sinnvoll sein wenn:

  a) Die Teilnehmerzahl - je nach Umstand - zwischen 4 und 12 Personen liegt

  b) Die Projektdauer beim Ersteinsatz größer als ca. 2 Monate und kleiner als 1 ¼ Jahre ist

  c) Die Sitzungen sehr häufig stattfinden und/oder jedes Meeting sehr zeitintensiv ist (jeweils vor dem Einsatz der Meetware)

  d) Die Benutzer von der Technik zu überzeugen sind und der Schulungsaufwand nicht zu groß wird

Bei allen Überlegungen darf keinesfalls vergessen werden, daß hauptsächlich die Mitarbeiter durch den Einsatz von Groupware unterstützt werden, die ein enormes Kapital eines Unternehmens darstellen: Die Kopfarbeiter. Das sind die Menschen, die aufgrund ihrer Kreativität das Unternehmen beeinflussen und eine Zukunft auf den zunehmend enger werdenden Märkten sichern.

Es muß alles daran gesetzt werden, damit aus den drei C's[88] „Cooperation", „Collaboration" und „Coordination" nicht die vier „schlechten" C's der Kommunikation werden: „Competition", „Compromise", „Conflict" und „Control".[89]

---

[87] Durch ein „Belohnungsverfahren" seitens des Managements kann eine Zustimmung unterstützt werden. Ein Zwang darf aber auf keinen Fall erfolgen!

[88] vgl. Kapitel 2.3 dieser Arbeit, dort allerdings in deutsch aufgeführt.

[89] vgl. GERTZ, WINFRIED: *Newcomer bringen frischen Wind in den Groupware-Markt.* In: Computerwoche Nr. 10, 10. März 1995, S. 71

Ich möchte diese Arbeit beenden mit Zitaten von zwei Experten dieser Thematik: Barbara Mettler-von Meibohm als Kommunikationswissenschaftlerin und Horst Oberquelle als Informatiker. Sie bekräftigen in ihren Werken die Forderung nach einer Technikfolgenabschätzung für den Einsatz von gruppenunterstützender Software, damit diese Software im Gegensatz zu vielen anderen auf dem Markt befindlichen Produkten menschengerecht gestaltet wird, bevor der Boom dieses Marktsegments beginnt, den die Gartner Group in ihren Publikationen im Jahre 1997 vermutet.

„Nur wenn wir die unübertroffene Kreativität von Menschen wertschätzen, werden wir die technischen Kommunikationslösungen so dimensionieren, daß sie menschengemäß, verständigungsfördernd und zugleich effizienzsteigernd sind."[90]

„Computergestützte kooperative Arbeit (CSCW) und Groupware sind heute eher noch Utopie als Realität. Es gibt deshalb noch Spielräume für eine menschengerechte präventive und prospektive Gestaltung. Die Erkenntnis, daß CSCW und Groupware in ein komplexes Geflecht von interdisziplinären Aspekten und Interessen eingebunden sind, macht einerseits deutlich, weshalb die Ideen von CSCW nicht schnell in die Praxis umgesetzt werden können. Um die im Bereich der eher technikorientiert entwickelten Bürokommunikationssysteme gemachten negativen Erfahrungen nicht zu wiederholen, erscheint eine rechtzeitige Einbeziehung von Human- und Organisationsgesichtspunkten in die Groupware-Entwicklung dringend geboten."[91]

---

[90] METTLER-VON MEIBOHM, BARBARA: *Computer können menschliche Kommunikation nicht ersetzen.* A. a. O., S. 502

[91] Oberquelle, Horst: CSCW- und Groupware Kritik. A. a. O., S. 58

Literaturverzeichnis

ADDISON, EDWIN R. und NELSON, PAUL E.: *Intelligent Hypertext.* In: University of California, Berlely: Proc. Of the 13th Nat. Online Meeting, New York, USA, May 5-7, 1992, S. 27-30.

AUSTIN, T: *Lotus Notes: „Top 6" Applications and Pitfalls.* In: Office Information Systems, Gartner Group Research Note P-140-1261, 29. April 1994

AUSTIN, T.:   *Conference+ Groupware: Graceful Integration.* In: Office Information Systems, Gartner Group Research Note P-140-1303, 8. August 1994

AUSTIN, T.:   *Groupware: The Case of the Disappearing Benefit.* In: Office Information Systems, Gartner Group Research Note SPA-140-1311, 16. September 1994

AUSTIN, T.:   *Groupware Cuts Electronic-Mail Information Overload.* In: Office Information Systems. Gartner Group Research Note SPA-140-1313, 16. September 1994

AUSTIN, T.:   *Groupware '94: Major Industry Changes Are Underway.* In: Office Information Systems, Gartner Group Research Note E-140-1318, 28. September 1994

AUSTIN, T.:   *Groupware „Human Residual" Challenges IS.* In: Office Information Systems, Gartner Group Research Note K-140-1327, 31. Oktober 1994

AUSTIN, T.:   *Work Group Vendors: Common Visions, Devergent Focuses.* In: Office Information Systems, Gartner Group Research Note SPA-140-1332, 9. November 1994

BIETHAHN, J. / MUCKSCH, H./ RUF, W.: *Ganzheitliches Informationsmanagement.* Bd. 1 - Grundlagen, München 1994

BORCHERS, DETLEF:
Teamgeist - Trends und Perspektiven auf dem Groupware-Markt. In: c't 1993, Heft 7, S. 100-104

CROTT, HELMUT:
Soziale Interaktion und Gruppenprozesse, Stuttgart/Berlin/Köln/Mainz 1979

DELHEES, KARL H.:
Soziale Kommunikation: Psychologische Grundlagen für das Miteinander in der modernen Gesellschaft. Opladen 1994

FAMULLA, G.-E. / GUT P. / MÖHLE, V. / SCHUMACHER, M. / WITTHAUS, U.: *Persönlichkeit und Computer.* Opladen 1992

FRANCIS, DAVE:
Mehr Erfolg im Team: Ein Trainingsprogramm mit 46 Übungen zur Verbesserung der Leistungsfähigkeit in Arbeitsgruppen. Essen-Werden 1982

FRANCK, JOHANNES:
Sozialpsychologie für die Gruppenarbeit. Tübingen 1976

FUCHS, JENS / JORDAN, BIRGIT:
Nicht mehr einzelne Leistung, sondern Teamarbeit bewerten. In: Computerwoche Nr. 38, 23. September 1994, S. 45-47

GARTNER GROUP:
Process Re-Engineering and Groupware. In: Conference Presentation of Gartner Group Annual Symposium on the Future of the Information Technology Industry, 7-10 November 1994 in Cannes, France, Day 3, S. 1-23

GERTZ, WINFRIED:
Newcomer bringen frischen Wind in den Groupware-Markt. In: Computerwoche Nr. 10, 10. März 1995, S. 70-72

GRÄSLUND, K./LEWE, H./KRCMAR, H.: *Neue Ergebnisse der empirischen Forschung auf dem Gebiet der computerunterstützten Gruppenarbeit - Group Support Systems (GSS)*. In: KRCMAR, H. (Hrsg.): Arbeitspapiere vom Lehrstuhl für Wirtschaftsinformatik der Universität Hohenheim Nr. 43, Mai 1993

HERRMANN, THOMAS: *Die Bedeutung menschlicher Kommunikation für Kooperation und für die Gestaltung computerunterstützter Gruppenarbeit.* In: OBERQUELLE, HORST (Hrsg.): *Kooperative Arbeit und Computerunterstützung.* Reihe „Arbeit und Technik: praxisorientierte Beiträge aus Psychologie und Informatik", Band 1, Stuttgart 1991, S. 64-78

HUNZIKER, ANDREAS: *Groupware: Technische Spielerei oder strategischer Erfolgsfaktor?*. In: Office Management, Oktober 1993, S. 50-55

JORDAN, BIRGIT: *Alle Mitarbeiter müssen an einem Strang ziehen.* In: PC Magazin Nr. 31, 27. Juli 1994, S. 32-33

KARL, RENATE: *Unternehmenskommunikation unter dem Aspekt Workflowmanagement und Groupware: Noch viele leere Hüllen am Markt.* In: Computerwoche Extra 2, 10. März 1995, S. 26-34

KESSLER, JACK: *Fulltext Online: Defining the Coming Flood.* In: University of Califoria, Berlely: Proc. Of the 13th Nat. Online Meeting, New York, USA, May 5-7, 1992, S. 183-187.

KRANZ, MARY ELLEN / SESSA, VALERIE I.: *Meeting Makeovers.* In: PC Magazine, 14. Juni 1994, S. 205-212

LEWE, HENRIK: *Der Einfluß der Teamgröße und Computerunterstützung auf Sitzungen.* In: KRCMAR, H. (Hrsg.): Arbeitspapiere vom Lehrstuhl für Wirtschaftsinformatik der Universität Hohenheim Nr. 57, Juli 1994

LEWE, HENRIK / KRCMAR HELMUT: *Computer Aided Team mit GroupSystems: Erfahrungen aus dem praktischen Einsatz.* In: KRCMAR, H.: Arbeitspapiere vom Lehrstuhl für Wirtschaftsinformatik der Universität Hohenheim, Nr. 34, Januar 1993

LEWE, HENRIK / KRCMAR, HELMUT: *GroupSystems: Aufbau und Auswirkungen.* In: KRCMAR, H. (Hrsg.): Arbeitspapiere vom Lehrstuhl für Wirtschaftsinformatik der Universität Hohenheim Nr. 24, Januar 1992

MAAß, SUSANNE: *Computer gestützte Kommunikation und Kooperation.* In: OBERQUELLE, HORST (Hrsg.): *Kooperative Arbeit und Computerunterstützung.* Reihe „Arbeit und Technik: praxisorientierte Beiträge aus Psychologie und Informatik", Band 1, Stuttgart 1991, S. 11-35

MACHRONE, BILL: *Seeing Is Almost Believing.* In: PC Magazine, 14. Juni 1994, S. 233-251

MANZI, JIM: *Workgroups kennzeichnen die Unternehmen der Zukunft.* In: Computerwoche Jubiläumsausgabe, Oktober 1994, S. 362-363

METTLER -VON MEIBOM, BARBARA: *Computer können menschliche Kommunikation nicht ersetzen.* In: Computerwoche Jubiläumsausgabe, Oktober 1994, S. 500-502

MÜLLER-BÖLLING, DETLEF: *Informations- und Kommunikationstechniken für Führungskräfte: Top-Manager zwischen Technikeuphorie und Tastaturphobie.* München 1990

OBERQUELLE, HORST: *CSCW- und Groupware-Kritik.* In: OBERQUELLE, HORST (Hrsg.): *Kooperative Arbeit und Computerunterstützung.* Reihe „Arbeit und Technik: praxisorientierte Beiträge aus Psychologie und Informatik", Band 1, Stuttgart 1991, S. 37-61

OLSEN, BENGT A.:   *Cost benefit analysis of mail & conference systems.* In: Electronic message systems. Proceeding of the international business strategy conference, London, GB, October 1986, Band 3, S. 147-164

o. V.:   *Auch Groupware mach aus einem Politbüro kein Diskussionsforum.* In: Computerwoche Nr. 22, 28. Mai 1993, S. 15-16

o. V.:   *Gruppentherapie: Überblick Groupware für PC-Netzwerke.* In: PC Netze 1/1993, S. 42-50

o. V.:   *Marktübersicht: Groupware.* In: Computerwoche, Nr. 39, 24. September 1993, S. 32-33

o. V.:   *Teamarbeit wird zum wichtigsten Erfolgsfaktor in den 90er Jahren.* In: PC Magazin Nr. 26, 23. Juni 1993, S. 52-53

o.V.:   *Doku-Management arrangiert vernetzte Informationen im Büro.* In: Computerwoche Nr. 45, 11. November 1994, S. 17

o. V.:   *Lotus Notes: Administratorhandbuch, Version 2.0.* Lotus Development 1991, Kapitel 1, S. 2

RADEMEIER, EBERHARD: *Das Dokumentenmanagement versagt noch bei der Integration.* In: Computerwoche Nr. 40, 7. Oktober 1994, S. 18

RAO, ANAND: *Team Spirit.* In: LAN Magazine, März 1993, S. 109-115

REIß, MICHAEL / SCHUSTER, HERRMANN: *Organisatorische Erfolgsfaktoren des Groupwareeinsatzes.* In: Office Management 6/94, S. 18-24

RYBING, GEORG: *Das papierlose Büro: Erfolg im zweiten Anlauf?.* In: Computerwoche Jubiläumsausgabe, Oktober 1994, S. 478-479

SALEMI, JOE: *The Electronic Watercooler: The Bulletin Board System.* In: PC Magazine, 14. Juni 1994, S. 194-195

SCHNEIDER, STEFANIE: *In vernetzten Unternehmen wird der Chef zum Problem.* In: Computerwoche Nr. 32, 12. August 1994, Seite 7-12

SCHWARTZ, CHRISTOPH: *Videokonferenzen: Weltweit kommunizieren ohne Produktivitätsverlust.* In: PC Magazin, Nr. 49, 30. November 1994, S. 18-19

STEVENSON, TED: *Groupware: Are We Ready.* In: PC Magazine, 15. Juni 1993, S. 267-299

WAGNER, MICHAEL: *Microsoft Exchange gegen Lotus Notes: Ein technischer Vergleich der wichtigsten Groupware-Systeme.* In: Computerwoche Nr. 11, 17. März 1995, S. 19-20

WALTHER, HORST: *Business Re-Engineering in der Praxis: Orientierung an Prozessen steigert die Flexibilität.* In: Computerwoche Jubiläumsausgabe, Oktober 1994, S. 364-365

Erklärung

Hiermit versichere ich, daß die vorliegende Arbeit von mir selbständig und ohne unerlaubte Hilfe angefertigt worden ist, insbesondere, daß ich alle Stellen, die wörtlich oder annähernd wörtlich aus Veröffentlichungen entnommen sind, durch Zitate als solche kenntlich gemacht habe.

Langenhagen, 10.4.95

Diplom.de

Wissensquellen gewinnbringend nutzen

Qualität, Praxisrelevanz und Aktualität zeichnen unsere Studien aus. Wir bieten Ihnen im Auftrag unserer Autorinnen und Autoren Wirtschafts-studien und wissenschaftliche Abschlussarbeiten – Dissertationen, Diplomarbeiten, Magisterarbeiten, Staatsexamensarbeiten und Studien-arbeiten zum Kauf. Sie wurden an deutschen Universitäten, Fachhoch schulen, Akademien oder vergleichbaren Institutionen der Europäischen Union geschrieben. Der Notendurchschnitt liegt bei 1,5.

Wettbewerbsvorteile verschaffen – Vergleichen Sie den Preis unserer Studien mit den Honoraren externer Berater. Um dieses Wissen selbst zusammenzutragen, müssten Sie viel Zeit und Geld aufbringen.

http://www.diplom.de bietet Ihnen unser vollständiges Lieferprogramm mit mehreren tausend Studien im Internet. Neben dem Online-Katalog und der Online-Suchmaschine für Ihre Recherche steht Ihnen auch eine Online-Bestellfunktion zur Verfügung. Inhaltliche Zusammenfassungen und Inhaltsverzeichnisse zu jeder Studie sind im Internet einsehbar.

Individueller Service – Gerne senden wir Ihnen auch unseren Papier-katalog zu. Bitte fordern Sie Ihr individuelles Exemplar bei uns an. Für Fragen, Anregungen und individuelle Anfragen stehen wir Ihnen gerne zur Verfügung. Wir freuen uns auf eine gute Zusammenarbeit.

Ihr Team der Diplomarbeiten Agentur

Diplomica GmbH
Hermannstal 119 k
22119 Hamburg

Fon: 040 / 655 99 20
Fax: 040 / 655 99 222

agentur@diplom.de
www.diplom.de

www.ingramcontent.com/pod-product-compliance
Lightning Source LLC
La Vergne TN
LVHW092353060326
832902LV00008B/1004